盈利双色球

《公益时报》彩研组◎编著
达　岸◎执笔

中国社会出版社
国家一级出版社·全国百佳图书出版单位

图书在版编目（CIP）数据

盈利双色球／《公益时报》彩研组编著；达岸执笔．
—北京：中国社会出版社，2017．10
ISBN 978－7－5087－5807－7

Ⅰ．①盈…　Ⅱ．①公…　②达…　Ⅲ．①社会福利—彩票—基本知识—中国　Ⅳ．①F726．952

中国版本图书馆 CIP 数据核字（2017）第 247489 号

书　　名：盈利双色球
编　　著：《公益时报》彩研组
执　　笔：达　岸

出 版 人：浦善新
终 审 人：李　浩
责任编辑：杨建萍　　**责任校对**：王　璐

出版发行：中国社会出版社　**邮政编码**：100032
通联方式：北京市西城区二龙路甲 33 号
电　　话：编辑室：（010）58124838
销售部：（010）58124835
（010）58124837
网　　址：www.shcbs.com.cn
shcbs.mca.gov.cn
经　　销：各地新华书店

中国社会出版社天猫旗舰店

印刷装订：中国电影出版社印刷厂
开　　本：155mm×225mm　1/16
印　　张：13
字　　数：160 千字
版　　次：2017 年 11 月第 1 版
印　　次：2017 年 11 月第 1 次印刷
定　　价：32.00 元

中国社会出版社微信公众号

七年的繁和简

（代序）

真快，一晃就是七年了。在这七年中，报社的彩票“高手”们买彩票、也推荐彩票：他们曾经多次4元中过双色球5个号，也曾经多次10元拿下3D单组选奖号；在推荐过程中，他们有过2注就包含3D当期组选奖号的战例，也有过连续6期荐中3D定位单选的实例，还有过荐中双色球6红1蓝的成就感。

多年来，“高手”们一步步积累起数据和表格，一格格填写自己推算的结果。看着如长卷般的数据，有时候他们自己也很感慨：坚持是一种很好的习惯。

天天伏案的计算，来回应用的公式，一天突然感觉：“这些方法太复杂，我们必须努力改变。”努力再努力，慢慢公式都不见了，有的是近期的小技巧表格，有的是近期开奖号码分布表……“高手”们将它们有机地结合起来，慢慢变成了本书中自认为有用的章节和内容。

如何化繁为简，如何让奖号看得见，这是一个着实费脑筋的问题。尝试去掉大段描述和尽量不动用计算机上的模型和公式，只总结常用小技巧去充实这本书，尽量用口语话化和平实的话语表达。

在锤炼这些选号技巧中，“高手”们慢慢有了一种感觉：选号其实很简单，自己看着顺眼的号码选择就行了。在实际投注中，往往没有招数的随手一挥，可能就是一次人生的改变。无招胜有招是一种追求，由繁至简，也是一种境界。

灵犀相通。民间“高手”曾因巧借而中出数十倍3D单组选，幸运彩民也因鼓励而领取双色球二等奖奖金。高超、幸运，然后创造了一个个因彩票而心动的传奇。

大道至简。只要坚持了，三五年后就会有属于你自己的简单之道。

红鹰

丁酉年春写于北京

目　录

第四部分　详解蓝球

第五部分　红蓝双色球技巧篇

第一部分

双色球游戏简介

第1章 双色球游戏概述

一、双色球游戏的由来

双色球是经财政部、民政部批准，由中国福利彩票发行管理中心发行，在全国范围内联销的电脑福利彩票。其发行目的在于适应社会福利、社会救助、社会保障事业的发展需求，更多地筹集社会福利基金，实现福利彩票“扶老、助残、救孤、济困”的宗旨。双色球的发行打破了我国原先各省份独立发行彩票、各自为政的格局，紧随国际彩票业的发展潮流，为我国向大彩票方向发展迈出了第一步。

双色球借鉴的是美国的强力球（即“49 选 5+42 选 1”），这是一种超级乐透型彩票玩法。但双色球并非照搬强力球，而是将强力球作为我国联销的玩法来参考，同时也是根据我国电脑彩票市场运行中所体现的特点来设计的。

双色球彩票是采用红色号码区和蓝色号码区两个选号区域，在红色号码区的 33 个待选数字中选取 6 个号码，在蓝色号码区的 16 个待选数字中选取 1 个号码，共同组成一注单式投注彩票。

双色球彩票在全国统一奖池、统一发行、统一开奖。与各省份原来的玩法相比，猜中双色球大奖具有较高难度，但游戏中所设的小奖却是易于中取。在投注方式上，双色球游戏也更为灵活，单式与多种复式的投注方式相结合，充分发挥了彩民朋友的聪明才智，使竞猜变得更有趣、更刺激。

双色球一等奖的中奖标准为：在红色球区域内选中当期摇奖产生的 6 个红色球号码，并在蓝色球区域内选中当期摇奖产生的第一个蓝色球号码，即我们通常所说的“6+1”。

二、双色球各奖项的中奖概率

双色球红色球号码区是由 01～33 号数字组成，所以红色球号码区共有 33 个待选号码；双色球蓝色球号码区是由 01～16 号数字组成，所以蓝色球号码区共有 16 个待选号码。

由此我们知道，在全部 33 个待选数字中任意选择 6 个号码的组合共有 1107568 种，若是再考虑到蓝色球号码 16 选 1 的情况，则中得双色球一等奖的理论概率就是 1/1107568×16＝1/17721088。其他奖项的理论中奖概率如下所示：

一等奖（70%）：中 6+1，只有 1 种可能，1/17721088

理论概率为 1/17721088；

二等奖（30%）：中 6+0，共有 15 种可能，15/17721088

理论概率约为 1/1181406；

三等奖（3000 元）：中 5+1，共有 162 种可能，162/17721088

理论概率约为 1/109389；

四等奖（200 元）：中 5+0，共有 2430 种可能，中 4+1，共有 5265 种可能，合计为 7695 种可能，7695/17721088

理论概率约为 1/2303；

五等奖（10 元）：中 4+0，共有 78975 种可能，中 3+1，共有 58500 种可能，合计为 137475 种可能

理论概率约为 1/129；

六等奖（5 元）：中 2+1，共有 263250 种可能，中 1+1，共有 484380 种可能，中 0+1，共有 296010 种可能，合计为 1043640 种可能

理论概率约为 1/17。

通过计算，我们得出，双色球彩票的总中奖概率约为 1/15！

计算方法如下：

首先算出双色球总投注数 $C_{33}^{6}\times 16=17721088$，然后再根据中奖情况算出概率。由此，它的中奖概率就等于红色球 33 选 6 的中奖概率 N 与蓝色球 16 选 1 的中奖概率 n 的积 S，即 S=1/C33^6×1/C16^1=1/17721088。双色球二等奖的中奖概率为 1/1181406。双色球三等奖的中奖概率为 1/109389。再如，五等奖中奖概率的计算方法则为：中 4 个红球，即开奖的 6 个红球中有 4 个，其余 27 个红球中有 2 个，蓝球则是在 15 个未出号码中任选 1 个，则概率为（C6^4×C27^2×C15^1）/17721088=78975/17721088。而中得 3 个红球号码及 1 个蓝球号码时的中奖概率为：开奖的 6 个红球中有 3 个，其余 27 个红球有 3 个，蓝球为正选号码 1 个，方法为：（C6^3×C27^3×C1^1）/17721088=58500/17721088。

由于美国强力球的号码较多，中出头奖的概率非常低，理论概率约为 8000 万分之一，即便是在英、美等彩票发行比较成熟的国家，几个月不出头奖也是常有的事。而双色球则把中一等奖的概率提高到

了1700万分之一，并且规定了只中一个蓝球也有固定奖项，从而令中奖机会大大提升，也使得这种彩票玩法更适应了中国彩市发展的需要，体现出了中国彩票的特色。

三、游戏特点

1. 玩法新颖

双色球电脑福利彩票借助国外强力球玩法的成功经验和轰动效应，在我国首次采用两个号码区投注，即从“红色球号码区”的01~33个号码中选择6个红色号码，再从“蓝色球号码区”的01~16个号码中选择1个蓝色号码组成一注进行投注。该玩法趣味性强，既有单式投注，又有三种复式投注方式可选择（红球复式、蓝球复式及红蓝球双复式）。由于“双色球”是全国统一联网发行，奖组规模大，大奖积累快，一等奖奖金会很高，多数情况下期期有中500万元的概率保证。大奖奖额高，中500万元的概率大；小奖个数多，中一个蓝色球号码就能有奖，这使得双色球彩票的总中奖面宽达6.7%！

2. 全国联销

双色球电脑福利彩票在起初发行阶段就在全国20多个省份进行销售，至2009年，已发展至包括新疆在内的全国所有（深圳按计划单列市计算）省、自治区、直辖市统一进行联网销售，有力弥补了一些地方销售规模较小、奖池积累较慢、大奖难出、彩民兴趣不高的多方不足。

3. 统一奖池

双色球电脑福利彩票在全国设置一个奖池供各地共享，奖池规模大、积累快，出大奖的概率高。

4. 统一开奖

双色球电脑福利彩票每周开奖三次，开奖节目每周二、四、日（自2010年初开始在21：30，后来又改为21：15）在中国教育电视台第一套节目进行现场直播，权威性强，透明度高，覆盖面广。

第2章 双色球游戏常用术语

双色球游戏常用术语

1. 重号

也叫遗传号、重复号、重叠号，指与上期开出的中奖号码相同的号码。

2. 邻号

也叫边码，指与上期开出的中奖号码加 1 或减 1 的号码。

3. 斜连号

指连续 3 期或以上，递增或递减 1 位的邻号表现。

4. 连号

指同期奖号中前后顺序相连的号码，如在双色球 2016100 期开出的红球连号为22、23。

5. 热号

指近10期开奖中出现3次或以上的号码。

6. 温号

指近10期开奖中出现1次到2次的号码。

7. 冷号

指近10期开奖中没有出现的号码。

8. 尾号

也叫尾数，指开奖号码的个位数字。如开奖号码33的尾数就是3。

9. 同尾号

也叫同位码，指一组中奖号码中尾数相同的号码，如11、21、31是同尾号，05、15、25也是同尾号，一般每组中奖号码里都有1~2对同尾号出现。

10. 对望码

即上下多期奖号中，直观上呈现一定的规律特征排列（如等量、递减、递增、倍增、倍减）而开出的号码称为对望码。

11. 三角码

即3个奖号在走势图上相互之间的关系位置，呈现三角形形状的号码。

12. 弧形码

即在走势图上，相互之间关系位置呈现有序的几何图形的号码。

13. 跳连码

也称跳连号，指形成等差数列的三个（或以上）奖号，如，10~12~14。跳连码可以在同期开出，也可以在三期（或以上）分别开出。

14. 空门码

即与历期（尤其是近5期）的中奖号码没有任何特征联系的号码。

15. 关系码

即与历期（尤其是近5期）的中奖号码有联系的号码，一般将重号、邻号、斜连号、三角码、对望码、弧形码均归入关系码行列。

16. 断区

也称为空区，指特定的一段号码区域内没有开奖号码的中出。

17. 跨度

指开奖号码中两个相邻数字的差值。

18. 总值

指一期中所有各位中奖号码的数值之和。

19. 平均数

也称平均值、均值，指一期中各个中奖号码的平均值，即当期总值除以 6 的平均数。

20. 首尾差值

也称极值、全距，指一期中奖号码中最大的号码和最小的号码之间的差值。

21. 遗漏值

一般指当前遗漏值，指奖号自上期开出到当期开出的间隔期数。

22. 当期遗漏总值

指一期开奖号码中，每个奖号的当前遗漏期数相加获得的总和。

23. 当期遗漏均值

指获得当期遗漏总值后，平均后具体得到的遗漏值。若 2016085 期遗漏总值为 29，而当期遗漏均值为 29/6=4. 83。

24. 奖号遗漏均值

也称奖号平均遗漏值，指具体奖号在历史统计期数内的平均遗漏值。计算公式：统计期数减去统计期奖号开出次数，得出统计期历史遗漏总值，遗漏总值除以奖号开出次数就等于奖号遗漏均值。

25. 频次

也称频值、频率值，就是指统计期内奖号的开出的次数。

26. 区间

指把所有备选号码从小到大分成若干个小段（或区域），以便缩小选号范围。如33选6可分为01~11、12~22、23~33三个区间。

27. 012路

即指除3的三种余数结果。其中0路表示除3余0，1路表示除3余1，2路表示除3余2。奖号（或和值等指标）都可以按照012路分类，以便缩小选号范围。

28. 质数

只能被1和它本身整除的数字。在双色球33枚待选红球中，共有11个质数，它们依次为：02、03、05、07、11、13、17、19、23、29、31。为了统计方便，本书讨论时，将01也作为质数。

29. AC值

AC值实际上也称作“数字复杂值”，它是引自国外乐透型彩票分析研究的一个概念，是评估乐透型彩票号码价值的一个重要的参数。

第二部分

初步了解双色球选号

在深入成为技术流之前，我们先简单了解一些双色球分析选号的方法。

第1章 大奖并非巧合

在许多大奖得主的自我介绍中，有意无意地谈到了自己的选号方法。许多大奖都有彩民自己的投注心得，中奖有时也是一门技术活。

吉林的一位彩民摘得了双色球头彩，将700余万元奖金收入囊中。据他自己介绍，每次购彩之前他都要作一番认真分析，将心仪的号码确定下来后以直选的方式购彩，投入10元左右。本期是他利用元旦走亲访友的时机，在福彩投注站里经过分析后，买了几注双色球彩票，没想到竟然中了一等奖。他兴奋地说："这就是碰运气，但我研究彩票挺长时间了。"言外之意，长期的分析对他的这次中奖有很大的帮助。

湖北3个穿着时髦的80后女孩，利用一张9+2的复式票，领走了600多万的奖金。她们觉得，一人单买不如三人合买，于是每个人就说了几个号，凑成了一注复式彩票，并将这注号码守了一年多，终于中了大奖。复式投注一直是技术型彩民们钟情的制胜法宝，也是众多大奖得主的心得，其中的小复式是"四两拨千斤"的经典法宝。

也是在湖北，一彩民凭借一张"6+16"全包16个蓝色球号码投注的复式票，仅花32元便中得1注一等奖和15注二等奖，共收获奖金1000多万元，成为福彩双色球缔造的又一位千万富翁。蓝球全包的一瞬间，是他人生重要的转折点。

山东青岛一注擒获千万元大奖的万先生称：一直坚持购买双色球彩票，但对于号码的选择，他从不研究。购彩当天，他正准备按照老习惯购买2注福彩双色球时，脑海中突然闪过一个念头："这期蓝球会不会重球呢?"虽然仅是一个闪念，万先生还是决定跟着感觉走，便把一直守号购买的那注福彩双色球的蓝球由"01"改成了"04"，喜中了一等奖。蓝球重复的念头神奇一闪，喜获双色球千万元巨奖。

江苏省徐州中出2注近700万元的一等奖，不过却落在两张2元单式票上，出票时间仅相隔8秒。这2注大奖是一人独揽还是两人分享？据中奖者小符讲："当天中午我本来打算只买1注，但出票的一刹那，感觉这注号码就是'有戏'，就让销售员又照打了一遍。"于是，这一瞬间的决定就造成了两张号码一模一样的一等奖彩票，出票时间相差8秒钟。尊重美好的选号感觉，幸福就会来临。

广东中山一位打工仔领走双色球一等奖时透露，每次买彩票他从来不守号码，都是站在号码走势图前，寻找冷号。在这次中奖号码产生前，他改了两次。连改两次，都是因为觉得选的号码不够冷。选择冷号，让他拿走了760多万元的大奖。

江苏的王先生领取740多万元双色球大奖时回忆说：一年前，自己上网查看了一些号码走势，选择了6个红球号码和5个蓝球号码作为永远投注的号码。将号码确定后，每期都进行投注，这组号码虽然中过很多次的小奖，却从没有更改过。就是这组记得滚瓜烂熟的号码，投注了近1年，为王先生赢得了700多万元的奖金。技术加坚持是彩票中奖的必要前提。

安徽省的5个人合力击中双色球一等奖。原来，这个900多万元的大奖是一个单位的5名同事联合投注共同中得的。来领奖的代表刘女士说，他们单位的5名同事都爱买彩票，常在下班时聚在一起购买双色球。久而久之，几人就琢磨出一些购彩心得，并决定合买双色球。5个人每次都购买一张112元的“8+2”复式票，每期每人出资20多元。这样一来，大大增加了中奖概率。综合心得后复式投注是一种提高中奖的方法。

珠海市的彩民刘先生用家人生日组合成双色球号码，以3倍投注击中了6个红球，获得了近80万元奖金。刘先生说：“以前买彩票，号码都不固定，后来发现投注站有不少人用生日编号。于是我选了一注由家人生日号组成的号码，每期都买。此后，这注幸运号码就惊喜不断。小奖不提，大的来说，曾中过3个三等奖，现在又中了3个二等奖。希望来年能中3个一等奖。”生日或特殊日子作为选号的依据，也能成就大奖。

在深圳做生意的台湾人刘先生，平时就喜欢买双色球，每期都会买好几百元，但是自选号码从未中过大奖，偶尔尝试购买了10元机选，不料却中了一等奖。机选，碰运气，也是一种方法。

第2章 常中奖用的小方法

经常中奖是许多人追求的小目标，而技术彩民所掌握的小方法是不错的选择。如何成为技术彩民？如何掌握这些小方法？统计数据、分析数据既是成为技术彩民的途径，也是常中奖的方法。技术彩民都常用哪些小方法呢？

一、热冷门号码分析法

统计历史开奖中每个号码开出的次数，并把号码按开出次数由多到少排列。通过分析比较，可以看出在一定的历史阶段，号码的冷热排名情况。我们把在阶段内开出次数较多的号码称为热门号码即热号，反之称为冷号。彩民只要分析掌握热门号码的走势，将热门号码作为投注对象，而冷门号码少买，但当冷态或者大遗漏及自己的资金积累到一定程度时，也可考虑防冷买一把。

二、位置概率分析法

统计历次开奖中每个位置各个号码开出的次数都不同，将每个位置各个号码出现的次数由多到少顺序排列，形成一个表格。通过统计结果可以看出，在指定分析的阶段内，每个位置开出次数最多的号码是哪一个，它共出现过多少次。在具体的位置上出现次数较多的号码，常常是我们的投注对象，也称为某个位置上的热门号码。

三、走势图分析法

用固定位置坐标图直观地描绘出历次开奖号码，就是走势图分析法。技术彩民为满足不同分析角度的需要，可将走势分为整体号码走势、奇偶数走势、质合数走势及 012 路数走势，让自已对开奖号码走势一目了然。分析走势图时，应充分结合对称、递增、递减、同号等选号原则。从走势图上，技术彩民可以清楚地看到，某个时间阶段内开奖号码表现出明显的对称、递增或递减走势。

四、和值与比例分析法

即统计出每期开奖号码的和值、奇偶、质合、大小等比例，让自己对号码组合规律有进一步了解。特别是用图示描绘出每期开奖号码的和值，再结合类似应用于股市中的波浪或螺旋理论，也具有很好的分析效果。

五、相生相克分析法

通过统计历次开奖号码，发现一些常伴随出现的相生号码组合与从未在一起出现的相克号码组合，以便更好地选择搭配号码组。从统计结果可以看出特征，有些号码（比如 10、28 和 30），在一定阶段的开奖中出现在同期的次数较多，如果用户选择红球 10 为重点投注对象，则红球 28、30 也要作为投注对象的参考。

六、相关性分析法

统计出各个号码间的相关系数，以便于号码之间的选择搭配。号码 a 与号码 b 的相关系数定义如下：相关系数=号码 a、b 同时出现次数/（号码 a 出现次数+号码 b 出现次数）。相关系数在一定程度上反映了两个号码间的相互依赖性。同样，如果用户选择了某个号码作为重点投注对象，则与其相关系数较大的号码也可作为投注参考对象。这个比较专业和深奥，一般不提倡彩民用它。

上述方法，都是由历史统计数据和图表总结得出的，比较依赖数据和统计的数理技术。所以，我们说，这是技术流的分析投注方法。

第3章 投注还是投注！

各种分析方法的目的都在于选出若干个投注对象，同时也为投注时确定选号限定规则提供重要的依据。选出重点号码后如何投注是个至关重要的问题。下面简单介绍几种投注法。

一、重点投注

经过几种方法论证某个号码是出现概率非常大的时候，那么您选定它为胆码进行胆拖投注；或者认为可能出现若干号码的基础上，进行复式投注或旋转矩阵投注。

二、调整投注

调整投注就是对所选的号码前后加 1 或减 1 再投注。彩民经常有选 17 出 16，选 18 出 19 的遭遇。所以当投注自己的看好号码后，不妨用调整 1 个或者 2 个号码，再投注一次。如 17 改为 16，18 改为 19 等。

三、长期守号投注

选几注固定看好的号码来长期多期重复投注。守号投注，坚持是一个最重要的因素。有不少彩民就是用这种守株待兔的守号方法中得大奖的。

四、逆向思维投注

逆向思维投注指的是当选好看好的号码之后，彩民可再选一组认为不可能开出的号码，组成一注或者几注去投注，说不定会有意想不到的效果。

五、偶尔为之的极端投注

买彩票一般不建议大家走极端，但偶然的一次极端投注也可能有意外的收获。极端角度如下：所选号码的尾号个数不超过 3 个；所选号码的最大号与最小号的差值不超过 12；所选号码就在前三期奖号内；所选号码的区间比、大小比、奇偶比等特征与上一期奖号完全相同；所选号码全部是奇数或偶数等。这些极端角度的选号方法偶尔用一次，说不定能撞上大彩运。

六、逆势投注

在双色球具体某一阶段时，会发生不平衡现象：奇偶数的个数差距较大、大小号搭配严重失衡。这种强势的不平衡出现时，彩民可大胆逆势投注，去强跟弱，见热跟冷，甚至可以全选冷号或弱势号。

七、幸运投注

机选，或利用生日号码和其他您认为有感觉的号码来投注。如果运气好的话，大奖就这样幸运地诞生了。

八、去“精”存“伪”投注

首先，凭感觉选择自己最看好的 12 个号码；其次，用同样的方式在这 12 个号码里选择 6 个；再次，在这 6 个号码中再选择 3 个，最后将这 3 个“精华号码”抛弃。将这一套程序再重复 7 次，前后可抛弃的“精华号码”达到 24 个，用剩下的 9 个号码去投注。

九、多年同期号码投注

选定双色球每年的同一期号码（年数可多可少），如每年的第 028 期，参考样本便有 2003～2016 年共 14 期，凭着感觉或技术，产生 1 注号码。然后再另选一期号码并将每年同一期号码进行分析选号，又产生 1 注号码。将这 2 注号码综合，您得到凭感觉的一组待选号码去投注。这注说不定会给您带来惊喜。

十、倒选第 10 期投注

分析期数时，由近到远、由新到旧、由下往上，以 10 期号码为准，将距离当前期数最远的最上面第 10 期作为上一期号码看待，选择它的重号、夹号、斜连号，再将这些号码与上一期真正的开奖号码比较分析，凡是与上一期真正奖号发生重、夹、斜三种关系的号码坚决杀掉，选择没有任何关联特征的号码进行投注。

这一部分是对双色球游戏从分析、选号到投注的粗略介绍。若想深入研究，学会自己选号，成为一个技术派，则请看本书的第三部分、第四部分和第五部分。这里将教会您如何掌握分析、选号与投注的详细方法。

第三部分

详解红球

彩民朋友们都知道，双色球是从33个红号中选取6个，从16个蓝号中选取1个组成6红+1蓝的投注，其中一等奖高达500万元以上，二等奖一般少则十几万元，多则高达上百万元，但到了三等奖，却只有3000元，差距之大，彩民皆知。所以，这就要求彩民朋友的红球选择要与开奖的6个号码全部吻合，方能夺取大奖。红球奖号在投注中起着至关重要的作用，这也告诉我们研究红球奖号是首要的重点问题。

我们将通过讲解红球的多个指标和指标应用让彩民朋友深入了解选择红球的思路和方法。

从大的分区到具体的某个小指标，我们都将试着从大范围到小技巧的顺序去分析和破解双色球红球内的奥秘。

第1章 区间

一、区间划分法简述

双色球红球从01到33共有33个号码。所谓的区间，就是我们把33个红号按照某种方式、方法或标准分成若干个小段或区域。一般有11区分法、4区分法、3区分法。区间分布是一个很重要的参考指标，它是用来观察开奖号码的集散的趋势和程度。一般情况下，区间只是用来判断奖号一个比较大概的范围，而不是将它定位到具体某一个号码上。我们将对11区分法简单论述，对4区分法和3区分法，进行详细的分析和论述。希望通过趋势和各区选号比例告诉大家一个大范围的选号解决思路。

二、11区划分法

三个号码为1个区，01、02、03为第1区，04、05、06为第2区，依此类推，共11个区，这就是11区划分法。开奖号是6个红号，那么均摊在每个区间内的红号个数就应是：$6 \div 11 = 0.545$个，即大概每两个区间开出一个红号。

通过我们的长期实践观察，发现连续跟踪多年的奖号意义也不是很大，而如果谈及长期的奖号跟踪，一般来说，连续100期也就是足够长的时间了。因此，我们就截取2016001期至2016100期奖号的开出情况，作为中长期的分析数据。本书其他的章节，谈到的指标也是以这100期数据为准。这种观察统计方法与指标，仅一家之言，供彩民朋友参考。

下面我们先来看看从2016001期至2016100期11区分法的出号统计情况。

2016001期至2016100期11区划分法统计

区间	1区			2区			3区			4区			5区		
红号	01	02	03	04	05	06	07	08	09	10	11	12	13	14	15
次数	16	16	21	14	11	21	11	19	15	19	14	30	21	23	17
总数	53			46			45			63			61		

区间	6区			7区			8区			9区			10区			11区		
红号	16	17	18	19	20	21	22	23	24	25	26	27	28	29	30	31	32	33
次数	15	19	22	20	27	15	26	15	18	21	22	16	15	20	16	15	20	10
总数	56			62			59			59			51			45		

2016001期至2016100期共开出100期，总出号个数是$100\times6=600$个，平均每个区间的出号个数平均值应该是$600\div11=54.55$个，约55个，每个号码的出号次数平均值应该是$600\div33=18.18$次，约18次。通过统计，我们发现，其中最热的区间是第4区，共开出63

个，比平均值 54.55 个高出 8.45 个；最冷的区间是第 3 区和 11 区，都仅开出 45 个，比平均值 54.55 个低出 9.55 个。

第 4 区的热出主要是由红球号码 12 的良好表现所致，号码 12 出现 30 次。在统计的 100 期的开奖结果中，红球 12 的 30 次，比平均值 18 次高出 12 次，热度排名遥遥领先其他号码。

第 3 区和 11 区的冷落，主要是号码 07、33 的冷出所致，号码 33 才出现 10 次，07 出现了 11 次。这两个号码都远低于平均值 18 次。

根据强者恒强、热者恒热的原理特征，由于这 100 期数据统计，我们就有了分析的依据。这就告诉了我们一个结论：未来 4 区、5 区、7 区是我们关注的重点，8 区、9 区重要性次之，而 3 区和 11 区则属于最后仅用来防守关注的冷区。

当然，在这个 11 区分法中，真正开奖与前期分析还是有出入的。所以说，并不是每期分析都可以接近奖号的，也有例外或差异很大的情况。出现例外时，从不同的角度来看，每期双色球的开奖对不同的人都是例外情况，我们在这里所说的 11 区分法，只是一种最普通、最常规的分析方法，如果应用得好，就能够精确地定位区间，准确判断出下期的出号规律。若想获取 11 区分法的实战效果，这需要我们长期的分析、跟踪、归纳、创新，才能运用好这种区分法。

在选择号码的时候，我们首先要看看历史走势，如果碰到符合热区出号、冷区断号的特征，那么我们就可以在热区选择胆号，杀掉冷区的号码，从而达到缩小出号范围、扩大中奖概率的目的。

因为在 11 个区域中也选择最多 6 个区域，最少 2 个区域的号码作为选择的对象，分区比例就是 1：1：1：1：1：1 到 2：1：1：1：1 最后到3：3，因为 11 区分法，每个区最多号码只有 3 个。所以比例最大只能 3：3，也就是 6 个奖号集中在两个区域内，但这种情况极其罕见。

实战：我们建议从 11 个区域中，选取 4~6 个区域作为备选区域，最好是热区和温区结合选择。

三、4 区划分法

所谓的 4 区分法，就是把 33 个红球分为 4 个区间。通常有两种划分区间的方式，一种是以奖号字头为划分标准的 4 区分法，另一种是以奖号 17 为中轴，17 又不属于任何区域的 4 区分法。

1. 第一种 4 区划分法

以 0 开头的号码 01~09 称为 0 区，共 9 个号码；以 1 开头的号码 10~19 称为 1 区，共 10 个号码；以 2 开头的号码 20~29 称为 2 区，共 10 个号码；以 3 开头的号码 30~33 称为 3 区，共 4 个号码。按照概率来看，在开出的 6 个红号中，0 区占的个数应是（9÷33）×6=1.64 个，我们就把 1.64 称为 0 区的理论个数点；1 区和 2 区占的个数应是（10÷33）×6=1.82 个，同理，我们就把 1.82 称为 1 区和 2 区的理论个数点；3 区占的个数应是（4÷33）×6=0.73 个，我们就把 0.73 称为 3 区的理论个数点。这种区分法的特点是当期奖号属于具体哪个区间一目了然，以什么开头就属于哪个区，但最大的缺点就是区间分布不均衡，个数不相同，分析起来可能有些费力。虽然不是最主流的区分法，但是也赢得一部分彩民的钟爱。下面我们先来看看从 2016001 期至 2016100 期 4 区分法的出号统计情况，从而探讨这种区分法的特性与应用。

2016001 期至 2016100 期 4 区划分法统计（一）

区间	0 区（0 开头）									
红号	01	02	03	04	05	06	07	08	09	
次数	16	16	21	14	11	21	11	19	15	
总数	144									
区间	1 区（1 开头）									
红号	10	11	12	13	14	15	16	17	18	19
次数	19	14	30	21	23	17	15	19	22	20
总数	200									
区间	2 区（2 开头）									
红号	20	21	22	23	24	25	26	27	28	29
次数	27	15	26	15	18	21	22	16	15	20
总数	195									
区间	3 区（3 开头）									
红号	30	31	32	33						
次数	16	15	20	10						
总数	61									

2016001 期至 2016100 期共开出 100 期，0 区开出 144 个，平均每期开出 144÷100=1.44 个，比 0 区的理论个数点 1.64 低出 0.2，说明 0 区在这 100 期的表现比理论出号个数要差一些；1 区开出 200 个，平均每期开出 200÷100=2 个，比 1 区的理论个数点 1.82 高出 0.18，说明 1 区在这 100 期的表现与理论出号个数相比要高一些；2 区开出 195 个，平均每期开出 195÷100=1.95 个，比 2 区的理论个数点 1.82 高出 0.13，说明 2 区在这 100 期的表现比理论出号个数要高一点；3 区开出 61 个，平均每期开出 61÷100=0.61 个，比 3 区的理论个数点 0.73 低出 0.12，说明 3 区在这 100 期的表现也比理论出号个数要差

一些。

通过上面的数据分析，我们发现，1区是这100期的最热区域，它的热出原因是1区的12开出30次，一枝独秀，奖号14在其后，开出23次；0区是这100期的最冷区域，它的较冷的原因是0区的所有号码整体开出次数偏少所致，特别是号码05、07仅出现11次，开出次数最多的号码03也仅出现21次。

根据强者恒强、热者恒热的特性。短期内1区还会继续走强。事实上，从2016101期1区开出1枚奖号，2016102期1区开出3枚奖号，103期1区开出3枚奖号，104期1区开出2枚，105期1区开出2枚。除了2016101期外，短期还是符合1区的奖号持续走强的特征的。

另外，根据“求平衡、找回补”的特征，也可以防止0区奖号的大量回补开出。如果再继续走冷的话，那实际和理论就相差得太大，不符合概率论了。一般来说，在很长一段时间内，各个区间总体统计起来，应该是和它的理论出号个数相一致，就算是有偏差也不会相差很多。

总体来看，我们通过统计，掌握了偏热和偏冷的具体区域。我们获得这个结论，其作用是什么呢？作用就是通过历史数据寻找出来的特征，引导技术彩民去借鉴和分析。

历史数据的借鉴作用很大！因为，我们发现，彩票在很多时候都是遵循这样一个原则：任何号码在很长的“一段时间”内，它的出号个数应当“近似接近”于它的理论出号个数！所以把“一段时间”和“近似接近”用引号括起来，是重点强调这两个概念。“一段时间”您可以取比较短的时间，比如20期，也可以取比较长的时间，比如100期或200期。如果取较短的时间，它有可能和理论的出号个数偏差大些，而如果取较长的时候，它就会和理论的出号个数越来越接近，也就是我们所说的“近似接近”，如果取无限长的时间，它的总体统计的出号概率必定和理论相等！

也就是说：长时间内，我们追求号码的出号频率与理论值的一致性。短时间内，我们追求号码的出号频率与理论值的偏差性，从而为我们选定号码提供参考的思路和角度。

在上述的4区法中，我们可将100期的红球总数按照四区144：200：195：61比例列出，然后以指定的数字为整体基数进行缩减，最后缩减到1~2枚的比例。一是以3区的61为基数缩减，则比例变为2.36：3.28：3.20：1。说明若选择9个号码左右的复式，在1、2区要各选3个以上，0区选择2个奖号，3区选择1个奖号。二是以1区的200为基数缩减，则比例变为0.72：1：0.98：0.31，说明1区、2区可以各选一个，1区选0.72个，3区选择0.31个，即每期备选单注号码中，1区、2区各备选2枚，0区也可考虑1~2枚，3区防1枚或者隔2期防冷出1枚。

实战：第一种4区法的选号比例，当考虑9个红球复式时，在0区可选择2个奖号，在1区、2区要各选3个以上，在3区选择1个奖号；备选单注或7个红球的复式号码时，在0区可考虑1枚至2枚，1区、2区各备选2枚，3区防1枚或者隔2期防冷出1枚。

2. 第二种是以奖号17为中轴，17又不属于任何区域的4区划分法

01~08为第一区间，09~16为第二区间，红球17为中轴，不属于任何区域，18~25为第三区间，26~33为第四区间。这样就形成了一个很漂亮的以17为对称轴的4区走势分布图。这为技术彩民用4区法研究提供了一个很好的参考和思路。我们仍以2016001期至2016100期为例，通过中轴17四区法来分析奖号。

2016001 期至 2016100 期四区划分法统计（二）

区间	1 区								
红号	01	02	03	04	05	06	07	08	
次数	16	16	21	14	11	21	11	19	
总数	129								
区间	2 区								
红号	09	10	11	12	13	14	15	16	
次数	15	19	14	30	21	23	17	15	
总数	154								中轴 17
区间	3 区								次数 19
红号	18	19	20	21	22	23	24	25	
次数	22	20	27	15	26	15	18	21	
总数	164								
区间	4 区								
红号	26	27	28	29	30	31	32	33	
次数	22	16	15	20	16	15	20	10	
总数	134								

在第二种 4 区划分法统计表格中，我们发现一些线索和思路：

（1）中轴红号 17 出现的次数并不少，共 19 期，近 20% 的开出率。所以也就是在五期奖号里，就要考虑红球 17 开出一期。

实战：在连续 5 期以上奖号没有开出红球 17 时，可以将红号 17 作为胆码看待。

（2）在围绕中轴 17 的奖号，2 区和 3 区开出较多，分别开出了 154 期次和 164 期次。这说明这两个区域可以作为重点。我们知道双色球每期开奖红球是 6 个号码，那么通过 17 为轴，我们以此可以分配奖号的比例。

实战：当排除红球 17 时，可以考虑 4 区分布比例为 1：2：2：1 或者 1：1：3：1 较为恰当，也可考虑 1：3：1：1；考虑 17 作为胆码时，那么就考虑另外一种模式。4 区比例可分布为 1：2：1：1 或者 1：1：2：1较为恰当。

（3）1 区里的红号 03、06、08，2 区里的红号 12、14、13、10，3 区里的红号 20、22、18、25、19，4 区里的红号 26、29、32，这些号码都是属于较热的号码，可以考虑首先选择。

实战：各区号码首先选择开出频次较高的号码，再选择温和开出的号码。

（4）在适当的情况下。可以考虑冷热转换，防守有些冷区和冷号的走热开出。

实战：防冷偶尔为之，不多参与。

四、3 区划分法

3 区划分法是区间分析最主流的方法，一般的技术型彩民都喜欢应用 3 区划分法，而市面上大多数双色球软件，也是以 3 区划分法最为常见，所以，3 区划分法是我们研究时较为重要的分析参数。

所谓的 3 区划分法，就是把 33 个红球分为 3 个区间，01～11 为第一区间，12～22 为第二区间，23～33 为第三区间，每个区间都包含 11 个号码。开奖号是 6 个红球，那么均摊在每个区间内的红球个数就应是：6÷3＝2 个，即理论出号个数是每个区间开出 2 个红球。3 区分法最大的优点就是每个区间的号码个数相同，分布匀称，利于分析研究。下面我们先来看看从 2016001 期至 2016100 期共 100 期 3 区划分法的出号统计情况，然后看能否整理出一个选号大方向的思路。

2016001 期至 2016100 期 3 区分法统计

区间	1 区										
红号	01	02	03	04	05	06	07	08	09	10	11
次数	16	16	21	14	11	21	11	19	15	19	14
总数	177										
区间	2 区										
红号	12	13	14	15	16	17	18	19	20	21	22
次数	30	21	23	17	15	19	22	20	27	15	26
总数	235										
区间	3 区										
红号	23	24	25	26	27	28	29	30	31	32	33
次数	15	18	21	22	16	15	20	16	15	20	10
总数	188										

2016 年前 100 期总共开出红球号码个数是 100×6 = 600 个，每个区间的出号个数平均值应该是 600÷3 = 200 个，每个号码的出号次数平均值应该是 600÷33 = 18. 18 次，约 18 次。其中最热的区间是 2 区，共开出 235 个，比平均值 200 个高出 35 个；最冷的区间是 1 区，共开出 177 个，比平均值 200 个低出 23 个，而 3 区号码开出 188 个，较平均值 200 个低出 12 个。

按照数据分析，我们发现，2016 年前 100 期，1 区出号相对较冷，2 区出号相对较热，3 区偏离均值不大。

首先我们照热者恒热的角度去分析，那么 1 区是较冷的，2 区较热，3 区温和。实战：选号时，首先继续在 2 区热号里选择，其次在 3 区选择，最后在 1 区选择。在分配比例上 1、2、3 区形成 1：3：2 的格局，较为合适。

按照冷热转换原则，则容易出现原来温和的区域走热，较热的区域变得温和，冷区还是较冷，即容易变成 1、2、3 区比例形成 1：2：3格局。

按照防冷的原则，则 1、2、3 区比例可以按照 3：2：1 防守，但是一般这样完全扭转的形式在开奖中也是不多见，都是逐步积累而扭转冷态偏态的。

还有一种最常规的办法就是 1、2、3 区比例，我们不考虑偏态扭转和冷热区域交替，就考虑最接近均值的形态比例，即 1、2、3 区比例 2：2：2。每次实际投注时，选取号码的区域比例都是按照这个理论数值比例挑选投注，对具体的每个区域都不偏爱，这也是一种很实用、聪明的策略。

第2章 次数

一、每个号码的次数

双色球的33个红球，我们可以从历史数据中统计出每个号码开出的总次数。次数越多说明出号概率越大，次数越少说明出号概率越小。

从2016001期至2016100期，共开出的100期数据，把它作成一个按3区分法的次数表：

2016001期至2016100期按照3区分法统计红球出现次数

红号	01	02	03	04	05	06	07	08	09	10	11
次数	16	16	21	14	11	21	11	19	15	19	14
红号	12	13	14	15	16	17	18	19	20	21	22
次数	30	21	23	17	15	19	22	20	27	15	26
红号	23	24	25	26	27	28	29	30	31	32	33
次数	15	18	21	22	16	15	20	16	15	20	10

可以看到，号码01开出16次；号码02开出16次……这样，各个号码的出号次数情况就一目了然了。但是还不够直观，因为不能很明显地看出哪个号码热，哪个号码冷，故我们再把表按照次数的高低顺序排列，又得到如下这样一个表：

2016001期至2016100期按照3区分法统计红球高低顺序排列出现次数

红号	12	20	22	14	18	26	03	06	13	25	19
次数	30	27	26	23	22	22	21	21	21	21	20
红号	29	32	08	10	17	24	15	01	02	27	30
次数	20	20	19	19	19	18	17	16	16	16	16
红号	09	16	21	23	28	31	04	11	05	07	33
次数	15	15	15	15	15	15	14	14	11	11	10

这样就很容易看到：最热的号码是12，开出30次，其次是20开出27次……热号就是出号概率非常高的号码，是我们在每期选号过程必不可缺少的重点考虑因素。在这里，我们可以把上表中第一行的号码看作是热号，共11个号码，分别是12、20、22、14、18、26、03、06、13、25、19；冷号就是出号概率非常低的号码，它一般很难开出，每期是我们考虑做杀号的主要对象，在这里，我们可以把上表中第三行的号码看作是冷号，共11个号码，分别是09、16、21、23、28、31、04、11、05、07、33。处于冷号和热号之间的开出频次的奖号就是温号。假如某期一个热号都没有出现，那么下期开始，必定要重点关注热号的表现；假如某期出了很多冷号，那么从下期开始，必定要少些关注冷号了。

检查历期开奖数据，几乎每期奖号里面都至少有一个热号，甚至出现6个热号。所以建议大家以后购买红球时必定要重点关注热号的表现。

实战：在一般的冷热号码搭配中，热号选择3~2枚，温号2~1枚，冷号选择1~0枚，形成热温冷比例为3：2：1或者3：3：0或者4：2：0。

二、分位次数

双色球的6个红球按顺序由小到大排列共6个位置，从理论上来看，第一个位置的红球范围是：01~28；第二个位置的红球范围是02~29；第三个位置的红球范围是03~30；第四个位置的红球范围是04~31；第五个位置的红球范围是05~32；第六个位置的红球范围是06~33；即在每个位置上的号码都有28个作为备选。把出现在每一个位置的红球的次数做一个表来统计，会发现一些性质。我们以2016年前100期的红球分位次数为例。

2016年前100期分位次数列表

	1	2	3	4	5	6	7	8	9	10	11	12	13	14	15	16	17	18	19	20	21	22	23	24	25	26	27	28	29	30	31	32	33
第一位	16	13	15	8	6	13	6	4	7	2	2	4	2	0	0	1	0	0	1	0	0	0	0	0	0	0	0	0					
第二位		3	6	5	5	7	2	10	5	6	6	10	12	7	4	5	3	0	1	2	1	0	0	0	0	0	0	0	0				
第三位			0	1	0	1	3	5	1	11	4	8	7	11	5	4	7	8	7	1	3	4	1	3	3	2	0	0	0	0			
第四位				0	0	0	0	0	2	0	2	8	0	4	5	3	7	9	5	15	3	12	7	3	3	4	0	4	2	1	1		
第五位					0	0	0	0	0	0	0	0	0	1	3	2	2	4	6	6	6	7	7	9	10	7	8	5	5	6	4	2	
第六位						0	0	0	0	0	0	0	0	0	0	0	0	1	0	3	2	3	0	3	5	9	8	6	13	9	10	18	10

上表中，第一行代表的是33个红球奖号，第一列代表的是6个红球对应的位置，方框里面黑体数字代表某个红球在某个位置出现的次数。例如，在2016年前100期的开奖记录中，第一位开出01的概率最大，共16次，其次是03，开出15次，再次是02和06，均开出13次；第二位开出13的概率最大，共12次，其次是08和12，均开出10次，这样的话，由每个位置最活跃的前三个号码，我们又可以做出一个表格：

2016年前100期分位次数热号列表

位数	第一位			第二位			第三位			第四位			第五位			第六位		
号码	01	03	02	13	08	10	10	14	12和18	20	22	18	25	24	27	32	29	31和33
次数	16	15	13	12	10	10	11	11	8	15	12	9	10	9	8	18	13	10

此表很容易看到第一位的热号是：01、03、02；第二位的热号是：13、08、10；第三位的热号是：10、14、12和18；第四位的热号是：20、22、18；第五位的热号是：25、24、27；第六位的热号是：32、29、31和33；把这六个位置中的全部热号列出，各除掉两个重复号码10和18，可得一组红球01、02、03、08、10、12、13、14、20、22、24、25、27、29、31、32、33，共17个，这无疑是组号时最需要关注的红球。进而再仔细观察，大家会看到，由每一位的最热号组成的一注6红的号码：01、10、13、20、25、32，在理论上来说，就是出现概率最大的1注，这6个红号就是重中之重了。为了

方便研究，我们把这6个红号称为：热点。即第一位01为第一热点，第二位10为第二热点……依此类推，热点的概念和性质与基点的概念和性质相当，仔细研究会发现，它们有很多共性的东西。

实战：从大范围看，可以考虑最热的号码和最热号码的邻号，以及第二热的号码作为选择对象来投注，从而接近大奖。

三、10期次数

在了解了次数的含义后，我们很自然就知道，次数和奖号的冷热有着必然的联系。现在很多技术彩民，往往不从100期或者更长的开奖时间内选择，只是从最近10期的号码确定冷热号。这样呢，我们就介绍一种很有实战意义的次数使用方法——10期次数冷热选号法。我们就定义：以近10期奖号为观察周期，出现3次及以上为热号，出现1~2次为温号，出现0次为冷号；另外，与当期奖号左右相邻的号码即为邻号。

我们以2016091期至2016100期10期红球开奖数据为例，分析使用10期以内冷热号的使用。

2016091期至2016100期开奖号码

期号	红一	红二	红三	红四	红五	红六	蓝球
2016091	04	08	14	22	23	28	07
2016092	02	13	15	23	24	29	06
2016093	06	09	15	17	25	27	09
2016094	06	07	10	12	18	31	10
2016095	01	05	09	12	18	32	12
2016096	06	13	14	21	22	24	16
2016097	06	13	25	26	28	31	01
2016098	02	08	25	29	31	32	06
2016099	01	11	21	23	27	33	06
2016100	03	10	22	23	27	29	04

我们据此数据列出了 2016091 期至 2016100 期的冷热号分布表格：

4 区冷热号表（2016091 期至 2016100 期）

	一区（01～08）	二区（09～16）	中轴	三区（18～25）	四区（26～33）
冷号		16	17	19 20	30
温号	01 02 03 04 05 07 08	09 10 11 12 14 15		18 21 24	26 28 32 33
热号	06	13		22 23 25	27 29 31

我们在此，根据红球大小将 33 个号码（号码 17 为中轴除外）划分为四块区域，其中一区指 01～08，二区指 09～16，三区指 18～25，四区为 26～33。号码 17 为中轴号，得出了一系列的冷热号。

我们通过查看和比较 2016101 期奖号红球 01、03、19、24、32、33，蓝球 01 数据，发现 01、03 属于一区的温号，19 属于三区的冷号、24 属于三区的温号，32、33 属于四区的温号。在 2016101 期奖号中，从 2016091 期至 2016100 期的温号开出 5 个，冷号开出 1 个，2016100 期的邻号开出 1 枚红球 24。

通过 2016101 期奖号和上表对比，我们发现：上面的红球四区分布的冷热程度一目了然，对后期选号有很重要的指标性参考，包括对近期热号的继续追捧，对冷号的防范等。

实战：在实际选取号码中，多使用冷热温表。建议配置：一般多选热号及温号 4～5 枚，甚至 6 枚，而冷号操作上多为防守型选取 1 枚，特别提醒的是上期奖号的邻号也要选 1～2 枚作为防守。

第3章 均值

一、每个号码的均值

双色球共33个红号，每个红号在2016年前100期内开出的次数是不一样的。开出次数最多的是号码12，共开出30次，最少的是号码33，仅开出10次。由次数除以100期可以得到每个号码的这100期的均值，由均值就可以得到每个号码出现的概率，概率越大，则开出的可能性也就越大。

把每个红号开出的次数和均值由高到低排列做成如下的一个表：

2016年前100期红球均值

第一集团	红号	12	20	22	14	18	26	03	06	13	25	19
	次数	30	27	26	23	22	22	21	21	21	21	20
	均值	0. 3	0. 27	0. 26	0. 23	0. 22	0. 22	0. 21	0. 21	0. 21	0. 21	0. 2

续表

第二集团	红号	29	32	08	10	17	24	15	01	02	27	30
	次数	20	20	19	19	19	18	17	16	16	16	16
	均值	0. 2	0. 2	0. 19	0. 19	0. 19	0. 18	0. 17	0. 16	0. 16	0. 16	0. 16
第三集团	红号	9	16	21	23	28	31	4	11	5	7	33
	次数	15	15	15	15	15	15	14	14	11	11	10
	均值	0. 15	0. 15	0. 15	0. 15	0. 15	0. 15	0. 14	0. 14	0. 11	0. 11	0. 1

上表中可以清楚地看到每个红号的活跃程度，最活跃的 4 个号码是 12、20、22、14；最冷落的 4 个号码是 11、05、07、33。我们可以把 33 个红号分成三个集团：第一集团为第一行 12、20、22、14、18、26、03、06、13、25、19；第二集团为第二行 29、32、08、10、17、24、15、01、02、27、30；第三集团为第三行 09、16、21、23、28、31、04、11、05、07、33；这样分的好处是：第一集团的号码当然要重点关注，一般来说都会开出 2 个号码或者以上；第三集团的号码相对来说出的概率比较低，一般来说都会开出 2 个号码以下。比如 2016101 期开出的红球是 01、03、19、24、32、33。其中出在第一集团的号码有 2 个，第二集团的号码有 3 个，第三集团的号码虽然有 11 个，但是却只开出了 1 个号码，说明符合了第三集团特性，即比较难出号，也就是说较冷。利用这三个集团的特性，我们就可以对这些号

码设定一个出号范围：第一集团出号 2～4 个；第二集团出号2～3个；第三集团出号 0～2 个。

实战：实际上，这三个集团的比例应该出现为 3：2：1 或者是 2：3：1，也有可能是 3：3：0 或者是 4：2：0 及 2：4：0，都是相对合理或者合乎统计特征的。

这样的话，就可将这些条件通过彩票软件进行组合，或者用这些号码检验自己 1 注号码的合理性。

如果说，选择的 6 个红号里，有 4 个或以上的号码都是第三集团的号码，或者只有 1 个或 0 个号码在第一集团里面，就形成了 0：2：4 或 0：1：5 或 1：1：4，都说明没有把热号选入您的投注范围内。这样距离大奖可能就有些远了。这时需要重新认真考虑您的选号范围和比例。删掉这些多选第三集团的号码组合，就达到节省投注，即相当于赢得了一定奖金的目的。在一些阐述复杂的旋转矩阵书中，实际就是把一些中奖概率最小的组合删除或杀掉，即是大家通常所听说的聪明组合投注方法。

二、分位均值

双色球共开出 6 个红号，按照由小到大的顺序，第一个红号对应第一个位置，称为第一位；第二个红号对应第二个位置，称为第二位……那么我们就可以统计出在每个位置上开出的红号的均值，它等于每个位置开出号码的总和除以总期数，例如以 2016 年前 100 期为统计期，2016001 期第一位号码是 06，2016002 期第一位号码是 09，依此直到 2016100 期第一位号码是 03，则把这 100 期内的第一位号码全部相加，得到总和，那么它第一位的均值就是 515÷100＝5. 15，同理可得第二位的均值是 10. 21……以下是 2016 年前 100 期的均值表：

2016 年前 100 期分位均值表

位数	一位	二位	三位	四位	五位	六位
总和	515	1021	1503	1961	2389	2864
均值	5.15	10.21	15.03	19.61	23.89	28.64

均值的研究对于选号起着举足轻重的作用。由上表可知，从 2016 年前 100 期均值表来看，每个位置的均值都给了我们一个点位参考。如果把这个点位的小数点后面二位数直接去掉（不考虑四舍五入），即第一位的均值靠近 5，第二位的均值靠近 10，第三位 15，第四位 19，第五位 23，第六位 28，得出了由第一位到第六位的均值是：05、10、15、19、23、28，号码排列非常有规律，其中号码 05、10、15 和 23、28 相邻两个号码的间距是 5，还有 15、19 与 19、23 两组号码的相邻两个号码的间距是 4。也就是说，这 6 个号码分别是对应的 6 个位置的参考点。为了便于研究，可把这 6 个参考点称为：基点，即第一位 05 为第一基点，第二位 10 为第二基点……依此类推。

再对比这 100 期的开出号码情况，有超过 70 期是符合至少有一个基点号码出现在开奖号码中的，其中第一位红号是 05 的有 6 期，第二位红号是 10 的有 6 期，第三位红号是 15 的有 5 期，第四位红号是 19 的有 5 期，第五位红号是 23 的有 7 期，第六位红号是 28 的有 6 期，同时含两个基点或两个基点以上的就有 20 期左右。一般情况下，这 6 个红号有其中的一个或者多个会出现在开奖号码中。例如 2016103 期开出的号码 01、05、13、19、24、27。第一位 01 偏离第一基点 05 四个单位，我们就记为“步长 4”（步长：开出的号码和目标号码的单位距离）；第二位 05 偏离第二基点 10 五个单位，我们就记为“步长5”；第三位13偏离第三基点15两个单位，我们就记为“步长2”，第四位19完全与基点重合，我们记为“步长0”……依此类推，得到全部6个红号的步长排列为：452011。从这个步长的排列，我们可以知道实际开出的红号和基点的距离，长期对基点作追踪，必将能够摸索到一些选号的门道和技巧。

实战：以上述的6个分位均值基点号码为重要的参考奖号，选取其中一个基点作为胆码，这样就确定一个位置的奖号，而其他位置的号码可以其他指标加以判断选择，成为拖码，组合成为胆拖组合。当然也可以选择两个热点作为胆码，配合拖码精选组合投注。

第4章 奇偶

一、概念

在双色球里面，所谓的奇数，就是除 2 余 1 的数，也就是单数；所谓的偶数，就是除 2 余 0 的数，也就是双数。双色球的 33 个红号中，奇数一共 17 个号码，它们是 01，03，05，07，09，11，13，15，17，19，21，23，25，27，29，31，33；偶数一共 16 个号码，它们是 02，04，06，08，10，12，14，16，18，20，22，24，26，28，30，32。很明显，奇数比偶数多一个号码。

按照排列组合的算法，从 33 个红号任意取 6 个红号的种数为：1107570 种。

因为在选 6 个红色球当中，奇数或偶数都有可能出现，但奇数只能在 17 个奇数号码中选择，而偶数只能在 16 个偶数号码中选择。

从 17 个奇数中取 6 个奇数的种数是 12376 种，那么它占总数的百分比就是 12376÷1107570＝1.1%。

同理：

出 5 个奇数，1 个偶数的种数为 99008 种，约占总数的 8.9%。

出1个奇数，5个偶数的种数为74256种，约占总数的6.7%。

出4个奇数，2个偶数的种数为285600种，约占总数的26%。

出2个奇数，4个偶数的种数为247520种，约占总数的22.3%。

出3个奇数，3个偶数的种数为380800种，约占总数的34.3%。

出6个全部为偶数号的种数为8008种，约占总数0.7%。

通常我们所说的奇偶比，就是奇数和偶数的比例。出5个奇数1个偶数就是5：1，依此类推。

从上述百分比我们可以看出，实际在开奖过程中，奇偶比以2：4或4：2或者3：3居多。

实战：大家从奇偶比例角度选号，应多考虑2：4或4：2或者3：3的比例，其他的则可以考虑少一些。

二、奇偶统计

首先我们把2016年前100期的奇偶出号情况做成一个表：

2016年前100期红球奇偶次数

奇数	01	03	05	07	09	11	13	15	17	19	21	23	25	27	29	31	33
次数	16	21	11	11	15	14	21	17	19	20	15	15	21	16	20	15	10
总数	277																
偶数	02	04	06	08	10	12	14	16	18	20	22	24	26	28	30	32	
次数	16	14	21	19	19	30	23	15	22	27	26	18	22	15	16	20	
总数	323																

可以看到，在100期的开奖历史数据中，开出的奇偶总数应是

100×6=600 个，理论上来计算的话，奇数应占 17/33，应开出（17÷33）×600=309.09 个，平均每个号码应开出 309.09÷17=18.18 次；偶数应占 16/33，应开出（16÷33）×600=290.9 个，平均每个号码应开出 290.9÷16=18.18 次。

实际上，奇数出了 277 次，平均每个号码开出 277÷17=16.29 次，比平均值低 1.89；偶数出了 323 次，平均每个号码开出 323÷16=20.19 次，比平均值高 2.01。说明在 2016 年前 100 期开奖中红球偶数的表现比奇数好，但是总体来说，距离奇偶平均值还是差别不大，也就是奇偶还是趋于平衡的。

三、分位奇偶

双色球的 6 个位置，把出现在每一个位置的红号的奇偶，以 2016 年前 100 期的历史数据做一个表来统计，然后我们再来讨论每一个位置的奇偶走势。

2016 年前 100 期分位奇偶统计表

位数	第一位	第二位	第三位	第四位	第五位	第六位
奇数	55	45	41	37	51	48
偶数	45	55	59	63	49	52
奇偶偏差	10	-10	-18	-26	2	-4

由上表可以知道，第一位开出奇数 55 次，偶数 45 次，奇数比偶数多 10 次，则奇偶偏差就是 10，说明第一位开出奇数的概率比偶数要大；同样的分析方法，我们可以得到第二位以偶数为主，但偏差和第一位差不多；第三位奇偶数差额-18，奇偶差距进一步拉大，仍以偶数为主；第四位奇偶差距达到最大，仍然以偶数为主，第五位奇数

为主，第六位偶数为主。也就是说，最有可能出现的奇偶形态是：奇偶偶偶奇偶，也就是形成了一个奇偶比 2：4 的格局。在 2016 年前 100 期内共有 31 期开出了奇偶比是 2：4 的格局，而完全符合这种奇偶形态的有 4 期：

符合奇偶偶偶奇偶的具体期数

期号	2016012	2016015	2016016	2016050

这种 2：4 的奇偶形态，占据了 100 期的 31%，而具体奇偶偶偶奇偶的形态占据了 100 期的 4%。

实战：上述的 2：4 的奇偶类型和具体的奇偶偶偶奇偶形态，必定是我们要经常注意的。

接下来，在具体的分位奇偶分析当中，我们又要以每一个位置的走势来判断。

例如，2016093 期开出奇偶比 5：1 的极端比，每个位置上开出的号码具体是：

2016093	06	09	15	17	25	27	偶	奇	奇	奇	奇	奇

这样的偏态，平时很少出现，更别说连续两期出现了。所以，我们可以认为下一期，应该要走正常的奇偶走势，那么我们就可以大胆地预测，下一期，奇偶的分位走势可能会走正常形态，即奇偶比有可能是 2：4，六位奇偶形态也有可能是：奇偶偶偶奇偶。而 2016094 期的开奖结果是：

2016094	06	07	10	12	18	31	偶	奇	偶	偶	偶	奇

奇偶比果然是 2：4，第三、四位完全和预测的标准奇偶形态相吻

合，只是第一和二位及与第五和六位位置颠倒，没有按照标准的奇偶形态来走。但是，这时候，我们应该认为我们的预测是有一定的实战意义的，因为，起码奇偶比预测对了，而且预测对了两个位置，只要加一两个容错的条件，比如说，第一和二位，或第五和六位可以奇偶互换，那么我们就能够准确地抓住奇偶的分布了。

实战：当偏态连续出现时，我们就可以认定下一期，应该要走正常的奇偶走势，则可大胆预测，下一期，奇偶的分位走势可能会走正常形态，有助于我们确定每个位置的奇偶奖号。

第5章 和 值

一、和值概念及和值中点

和值是双色球红球奖号参数中最常用的参考指标之一。和值的概念，是指每次摇奖仅产生6枚正选号码之和。这就决定了双色球开奖号码的最小和值为21点，即开奖结果为01+02+03+04+05+06=21，而6个奖号的最大和值则为183点，即奖号为28+29+30+31+32+33=183，并且它们只有各自唯一的一注结果与其和值相匹配。故和值的范围应该是21~183。我们把最小值21点加最大值183点再除以2后得102点称为和值中点。

通过计算我们得知，在33个号码全排的1107568注组合中，共有20076注符合中心和值102点，而和值符合101点和103点的组合各有20068注，和值符合100点和104点的组合则各有19995注，我们依次将所有和值及其所对应的组合注数进行排列，以注数和和值分别为X轴与Y轴，便得到了一张完善的曲线图。其中102点位于曲线的中央顶点，21点和183点则位于曲线的两个底端。

由于和值是一个比较模糊的指标，因此相对选具体的号码来说它就简单很多，把握好和值也就基本把握了号码的大方向。

二、和值统计

首先我们把从 2016 年前 100 期的和值统计情况做成一个表：

期数范围	2016 年前 100 期
总和值	10253
总期数	100
平均和值	102. 53

由上表可知，2016 年前 100 期的平均和值是 102. 53，与和值中点 102 大致持平。可见和值中点 102 一直是我们彩民关注的落点中心。

2016 年前 100 期中，考虑和值以 102 点对称，和值范围在 95 ~ 109 的共有 29 期，可见这个范围的出现频率较高。但是，在实际的和值应用过程中，我们必须还要考虑当前的情况，看和值有什么走势，而不是单纯地每期都把和值限定在 102 左右，那是不明智的。因为一般来说，都会或多或少有点偏差。

下面我们随机来看 2016075 期到 2016080 期的和值走势：

期数	红号	和值
075	01 03 06 16 29 32	87
076	07 08 13 22 30 32	112
077	01 09 17 19 20 29	95
078	02 04 08 23 26 29	92
079	01 03 10 12 24 28	78
080	01 16 17 24 25 32	115

从上表可以看到：当和值低于均值较远时，下一期会向均值靠

拢，结果开出 112 和值，又跳跃有些大，我们估计下期会向 102 和值附近开出，果然开出 95 和值，距离均值就 7 点差距。从 2016078 期到 2016079 期。连续 2 期和值不断走小，所以可以判断，2016080 期和值是向均值回归的，结果又开出 115 期和值，向均值靠拢了。但是还是距离均值有些偏差，我们就推测 2016081 期和值应该向均值靠拢。果然 2016081 期和值开出靠近均值的数值，开奖号码是：02、06、15、25、30、32，和值是 110，和值又向平均值 102 靠拢一些。

期数	红号	和值
081	02 06 15 25 30 32	110

从上面的 7 期奖号的和值，我们可以感觉这段时间的和值是以 102 点为轴上下跳跃的，那么接下来是否也上下跳跃呢？我们抱着这个想法去验证接下来的几期和值。

期数	红号	和值
082	06 12 14 15 17 20	84
083	09 16 17 24 30 31	127
084	02 04 12 18 24 26	86
085	01 12 19 20 21 25	98
086	09 10 11 12 15 32	89
087	02 03 10 11 14 21	61
088	03 14 16 18 25 33	109
089	01 03 14 30 31 32	111

我们看到从 2016082 期以后又是和值上下反复振荡，有时候连续走低，有时候又连续两三期在和值均值上方，恰恰印证了我们刚才分析提出的跳跃走势。

如此高高低低地反复。这样，在比较长的一段时间里统计的话，它们的和值平均数，应是很接近于 102 这个和值中点的。就是说，不管怎么变来变去，都是围绕着中点左右来回摇摆。

要比较精确地把握和值，除了看和值走势以外，还可以看区间比的变化趋势来进行判断。按照最常见的 3 区分法，第一区的红号是 01~11，第二区的红号是 12~22，第三区的红号是 23~33。假如您看好第一区间，就是说第一区出 3 个号甚至更多的话，那么总体的 6 个红号的和值必然就会很低；假如您看好第三区间，就是说第三区出 3 个号甚至更多的话，那么总体的 6 个红号的和值必然就会很高。

我们因此总结了一个和值判断方法：

第一步，根据前 10 多期的走势，来判断接下来的和值开出趋势是跳跃呢？还是趋小？还是趋大？第二步，趋势判定后，定区选号。若和值趋向中区和值，则可以考虑大小均衡搭配；若趋小，则多考虑小号；若趋大，则多考虑大号。

另外，还有一些常用指标的分析和估计的方法：比如利用和值的五期平均值，来判断和值走势；又比如单期振幅值、振幅平均值等，它们可通过判断和值振幅变化走势来预测和值范围；还有通过首尾两个号码定位和值等，对和值分析都有很大的参考价值。

一般来说，和值只是能够判断出 6 个红号的总和，并不能具体到某个号码。和值的运用必须要配合其他的参数，如区间、奇偶、遗漏等参数综合分析，才能准确定号。那么，什么是遗漏呢？下面我们就一起来分享一个特别重要的分析参数：遗漏。

第6章 遗　漏

一、概念

在双色球里面，所谓的遗漏是指某一个具体号码相邻两期所间隔的期数。比如 001 期开出号码 08，002 期号码 08 没有开出，下期（即将要开奖的这一期）是 003 期，则我们就把号码 08 的遗漏值定义为 1；如果 003 期号码 08 还是没有开出的话，则 08 的遗漏值就是 2；如果某个号码的遗漏为 0，则说明该号码上期开出，而本期又继续开出。遗漏的定义适用于红球和蓝球。

二、遗漏统计

双色球的 6 个红号按顺序由小到大排列共 6 个位置，现在把在每一个位置的红号的遗漏值选取几期看看具体的遗漏情况，会发现一些现象，供我们参考。

在下表中，每个位置里面标出的不是奖号而是当期号码此前的遗漏值。我们截取 2016091 期至 2016100 期为例，总结遗漏值的用法。

2016091 期至 2016100 期分位遗漏统计表

期号	第一位	第二位	第三位	第四位	第五位	第六位	每期遗漏和
2016091	6	12	1	14	12	11	56
2016092	1	1	5	0	7	13	27
2016093	10	6	0	2	4	23	45
2016094	0	17	6	7	5	4	39
2016095	5	22	1	0	0	5	33
2016096	1	3	4	5	4	3	20
2016097	0	0	3	6	5	2	16
2016098	5	6	0	5	0	2	18
2016099	3	11	2	6	5	10	37
2016100	10	5	3	0	0	1	19
10 期分位遗漏和	41	83	25	45	42	74	310
每期均值	4. 1	8. 3	2. 5	4. 5	4. 2	7. 4	5. 17

从这个总表可以看出，每期遗漏值平均总和为 31，而各个位置的遗漏均值就是在（31 除以 6 等于）5. 17 左右，这对于我们选号提供了很大的帮助，意味着，每一期的出号都是围绕着这个规律，可能在偶尔几期内看不到有什么作用，但是，在很长的一段时间内，这个规律总是在起着重要的引导作用。均值只能看出总体的走势和方向，具体到某一期，还是要从多方面考虑这个遗漏的出现规律。下面就举个

例子，说明一下遗漏理论在选号中的重要应用。

2016101 期至 2016104 期奖号遗漏统计表

期数		红 1	红 2	红 3	红 4	红 5	红 6	遗漏和
2016101	奖号	01	03	19	24	32	33	
	遗漏	1	0	15	4	2	1	23
2016102	奖号	05	08	10	14	17	30	
	遗漏	6	3	1	5	8	12	35
2016103	奖号	01	05	13	19	24	27	
	遗漏	1	0	5	1	1	2	10
2016104	奖号	05	09	11	18	30	31	
	遗漏	0	8	4	8	1	5	26

上表是 2016101 期到 2016104 期的开奖数据与遗漏统计，由上可知，第一位的遗漏总体上小于平均遗漏，所以后期遗漏有逐步增大的趋势，故下期的遗漏会比上期大一些，但不会超过 5；第二位的遗漏在这 4 期逐步增大，已经超过了遗漏均值，则下期有可能要回调，可能在 5 以下；第三位遗漏从大到小，然后在平均遗漏附近振荡，可能在接下来的一期内，遗漏有望继续下滑，遗漏为 3~4 较好；第四位遗漏先在均值附近振荡后，突然由 1 变为 8，故下期可能也会振荡，下落回到低位；第五位遗漏存在振荡后突然下滑缩小到 1 的趋势，要防

止其突然变化增大，看到5或者6以上；第六位遗漏上下振荡后，慢慢落回均值附近，结合前面五位的遗漏以及总的遗漏和考虑。因为2016104期六位的遗漏总和已达26，略小于均值31。照此分析，第六位仍可能是均值遗漏附近。这样小遗漏可以使总遗漏和迅速回归均值。2016105期的出号符合了持续走小遗漏和的判断，开出了奖号：08、10、19、27、28、31，它们的遗漏分别是1、2、1、1、7、0。

期数		红1	红2	红3	红4	红5	红6	遗漏和
2016105	奖号	08	10	19	27	28	31	
	遗漏	1	2	1	1	7	0	12

通过上表看出在分析遗漏时，第一位、第二位、第三位、第四位、第五位的分析预测遗漏还比较成功。由于出现了一个意外的第六位的0遗漏，使总遗漏和缩小到12。但是坚持向平均遗漏总和回归的这种思路还是值得借鉴和使用的。

长期看来，各个位置的遗漏和均围绕着遗漏均值31波动。使用类似上面的分析和思路，我们本着把握：遗漏和趋向开出遗漏值31符合阶段内的走势。这也提示我们遗漏总和多期较大时，可以考虑小遗漏和的号码，反之，多考虑遗漏总和大的号码。通过以上分析，证明了遗漏分析在选号中扮演着举足轻重的作用。彩民朋友们只要深入研究，持之以恒，必能将遗漏分析法运用自如、发扬光大，为博中巨奖增添一种行之有效的分析方法。

实战：在实际选号中，考虑遗漏值时，首先考虑遗漏值1~2的一两枚奖号，然后再考虑遗漏值4~5的2~3枚奖号，最后再考虑一枚遗漏值超过10的奖号。这样，当期遗漏总值与平均遗漏总值差距就不会太远，也容易选出接近大奖的号码。

第7章 热温冷

一、概念

双色球的热温冷，是针对具体的号码来说的。简单地说，出号次数多的就是热码，出号次数少的就是冷码，不冷不热的就是温码。那到底怎么样才算热？怎么样才算冷呢？这就要看您从什么时段开始统计了。所以，热温冷是有长期统计和近期统计之分的。一般说来50期以上就是长期数据了。

我们以2016年前100期的数据为例，来看长期冷温热数据的特征。

2016年前100期以3区分法统计红球高低顺序排列出现次数

红号	12	20	22	14	18	26	03	06	13	25	19
次数	30	27	26	23	22	22	21	21	21	21	20
红号	29	32	08	10	17	24	15	01	02	27	30
次数	20	20	19	19	19	18	17	16	16	16	16
红号	09	16	21	23	28	31	04	11	05	07	33
次数	15	15	15	15	15	15	14	14	11	11	10

最热的号码是12，开出30次，其次是20开出27次……热号就是出号概率非常高的号码，是我们在每期选号过程必不可缺少的重点考虑因素，在这里，我们可以把上表中第一行看作是热号，共11个号码，分别是12、20、22、14、18、26、03、06、13、25、19；冷号就是出号概率非常低的号码，它一般很难开出，每期是我们考虑做杀号的主要对象，在这里，我们可以把上表中第三行看作是冷号，共11个号码，分别是09、16、21、23、28、31、04、11、05、07、33。当中的既不冷也不热的号码，我们就把上表中的第二行看作温号，共11个号码，分别是29、32、08、10、17、24、15、01、02、27、30。

实战中，如果当期奖号中一个热号都没有出现，那么下期开始，备选的号码中必定要重点关注热号的表现；如果当期出了很多冷号，那么从下期开始，可以减少对冷号的关注了。

近20期统计或者近10期统计，都可以看作短期的冷温热表现。我们以近20期的出号统计。例如以2016081~2016100期共20期的开奖数据做一个表：

2016081期至2016100期共20期出号开奖数据

热号	02	06	12	14	25	15	21	31	32							
次数	6	6	6	6	6	5	5	5	5							
温号	01	03	09	10	13	17	18	23	24	11	20	22	26	27	29	30
次数	4	4	4	4	4	4	4	4	4	3	3	3	3	3	3	3
冷号	04	08	16	28	33	05	07	19								
次数	2	2	2	2	2	1	1	1								

我们可以把次数是5及以上的号码称为热号；次数是3~4次的号

码称为温号；次数是0~2次的号码称为冷号。这样的话，近期的热温冷号就一目了然了。通过对比，我们可以发现，近20期的热号和长期统计的热号有一些出入，但共同部分还是有的。这就说明了一个道理：长期统计和短期统计得出的热号是不一样的，但大体上又有很多相通之处。

实战：我们还是建议以近10期或者20期为统计区间，来统计和区分热温冷号码，然后热号、温号多选，冷号少选。

二、热温冷比例

双色球红区中奖号码的热温冷码比例，基本上是热码占有比较高的比例，温码处于中势位置，而冷码处于劣势位置。其热温冷的比例按照理论上来说，有28种情况：600、510、501、402、411、420、303、312、321、330、204、213、222、231、240、105、114、123、132、141、150、006、015、024、033、042、051、060。

为了分析方便，我们就以2016年前100期统计的三个区间分别记为热温冷号，因为区间的号码个数一样。热号是：12、20、22、14、18、26、03、06、13、25、19；温号是：29、32、08、10、17、24、15、01、02、27、30；冷号是：09、16、21、23、28、31、04、11、05、07、33。

那么我们就按照冷温热的标准来看一下2016101期的出号：01、03、19、24、32、33。其中03、19是热号；01、24、32是温号；33是冷号。看出热号是2个，温号是3个，冷号是1个，热温冷的比例为2：3：1。我们如果多验证几期，还是这个类似的现象，就是热号和温号频繁开出，而冷号少出。这和理论上的出号范围完全吻合。

实战：选取双色球红号时，多关注热号，一般的设定条件是热号出号个数范围是2~4个；温号的个数范围是1~3个；冷号的个数范围是0~2个。

特别提醒：若遇见连续几期不符合温冷热比例标准的话，就可从下期开始重点关注标准的热温冷比例，必有收获。

另外，结合前面提及的10期次数，我们可以借助10期内的热温冷号选取奖号。一定注意把握的原则：热号为主，温号适中，冷号为辅。

第8章 尾　数

一、概念

所有的数字型彩票，其尾数都不离0~9这十个数字。在双色球的33个红号中，每一个红号的个位数，我们把它称为尾数。尾数的研究方法也是双色球研究最重要的参数之一。因为在0~9十个尾数中选择几个尾数，比在33个号码中选出几个号码的难度要小得多。因此，尾数走势图通常作为号码第一次筛选的最有效的依据，它可使号码选择的范围大大缩小。

二、尾数分类

33个红号按照尾数分类，可以分为10类。尾0号码有3个，分别是10、20、30；尾1号码有4个，分别是01、11、21、31；依此类推……我们可以把33个红号按照尾数的分类，列成一个表，如下：

尾数	尾 0			尾 1				尾 2			
红号	10	20	30	01	11	21	31	02	12	22	32

尾数	尾 3				尾 4			尾 5			尾 6		
红号	03	13	23	33	04	14	24	05	15	25	06	16	26

尾数	尾 7			尾 8			尾 9		
红号	07	17	27	08	18	28	09	19	29

可见，除了尾 1、尾 2、尾 3 包含 4 个号码之外，其余的尾都只包含 3 个号码。由于是 10 个尾号，我们在分析的时候，就可以把尾 0、尾 1、尾 2 归为小尾；把尾 3、尾 4、尾 5、尾 6 归为中尾；把尾 7、尾 8、尾 9 归为大尾。故又可以做成这样的一个表：

小尾

尾数	尾 0			尾 1				尾 2			
红号	10	20	30	01	11	21	31	02	12	22	32

中尾

尾数	尾 3				尾 4			尾 5			尾 6		
红号	03	13	23	33	04	14	24	05	15	25	06	16	26

大尾

尾数	尾 7			尾 8			尾 9		
红号	07	17	27	08	18	28	09	19	29

下面，我们就以尾号为研究对象，看看 2016 年前 100 期的尾号开出情况，把各个尾数对应的红号开出的次数、总和以及均值全部统计出来，从而寻找各尾号的特点。

2016 年前 100 期尾数统计表

小尾												
尾数	尾 0			尾 1				尾 2				
红号	10	20	30	01	11	21	31	02	12	22	32	
次数	19	27	16	16	14	15	15	16	30	26	20	
总和	62			60				92				
均值	0. 62			0. 6				0. 92				
中尾												
尾数	尾 3				尾 4			尾 5			尾 6	
红号	03	13	23	33	04	14	24	05	15	25	06	16	26

续表

次数	21	21	15	10	14	23	18	11	17	21	21	15	22
总和	67	55	49	58									
均值	0. 67	0. 55	0. 49	0. 58									
大尾													
尾数	尾 7			尾 8			尾 9						
红号	07	17	27	08	18	28	09	19	29				
次数	11	19	16	19	22	15	15	20	20				
总和	46			56			55						
均值	0. 46			0. 56			0. 55						

通过上面的数据可以看到：尾 2 是最热的，在全部的 100 期开奖数据中，一共开出 92 次，平均每期开出 0. 92 个号码；尾 3 列第二位，一共开出 67 次，平均每期开出近 0. 67 个……最冷的是尾 7，总共才开出 46 次，平均每期开出 0. 46 个。这就说明，尾号的开出也有概率大小之分。把十个尾号按照平均值由大到小排序，我们可以得到一个尾数的概率排序：2301684957。排列越靠前的尾数，出号的概率越大，排列在前面的五个尾数 23016 必定是我们每期要重点关注的，而排列在后面的四个尾数 4957，是我们每期考虑作为杀尾的重点。尾

2、尾 3、尾 1，排在前列，从长期的统计来看，这是必然的，因为这三个尾数包含了 4 个红号，比其他尾数所包含的 3 个红号要多，故这三个尾数成为热尾就理所应当了。

另外，我们也可将尾号从 0~4 归为小尾号，从 5~9 归为大尾号，我们发现小尾号在 2016 年前 100 期的出号情况也占优。所以多关注小尾号。

实战：我们考虑小尾号每期选 1~3 个，大尾号可以每期选择 1~2 个。

三、尾数个数统计

大家都知道，6 个红号，最多对应有 6 个不同的尾数，而最少对应有 2 个尾数，就是说尾数的范围是 2~6 个。

从 2016 年前 100 期的开奖号码中，有 1 期是开出 3 个尾数的，占 1%；有 18 期是开出 4 个尾数的，占 18%；有 52 期是开出 5 个尾数的，占 52%；有 29 期是开出 6 个尾数的，占 29%。

2016 年前 100 期尾数个数统计

尾数个数	期数	百分比
3	1	1%
4	18	18%
5	52	52%
6	29	29%

综上数据，不难看出，出 5 个尾数的情况是最常见的，它占到所有开奖号码超一半的席位，所以我们在选号的时候，重点考虑出 5 个尾数的情况。换句话说，就是要每期都重点关注一个自己认为出现概率最大的尾数，这个尾号一定要选择 2 个号码为佳。而我们也看到，

也有过一期只出 3 个尾数的，这种特殊情况在这 100 期内一共只开出了 1 次，是：

期数	红号
2016099	01 11 21 23 27 33

像这种情况，一般我们是很难预测的，它属于极端的例外情况。我们研究的重点，就是出尾个数在 5 个左右的情况。下面我们来分享一下，怎样利用各个尾数的具体走势以及尾数个数来综合预测出尾号，也就是接下来所要讲的：尾数分析应用。

四、尾数分析应用

我们以 2016101 期到 2016120 期的 20 期数据为例。首先，我们可以把这 20 期的开奖号码做成一个“尾数走势表”（说明：其中空白代表此尾没有开出；“1”代表此尾开出，如果标有 2 或 3，就代表此尾号在这一期内开出 2 个或者 3 个）：

2016101 期至 2016120 期尾号次数统计表

期数	红号	尾 0	尾 1	尾 2	尾 3	尾 4	尾 5	尾 6	尾 7	尾 8	尾 9
2016101	01 03 19 24 32 33		1	1	2	1					1
2016102	05 08 10 14 17 30	2				1	1		1	1	
2016103	01 05 13 19 24 27		1		1	1	1		1		1
2016104	05 09 11 18 30 31	1	2				1			1	1
2016105	08 10 19 27 28 31	1	1						1	2	1

续表

期数	红号	尾 0	尾 1	尾 2	尾 3	尾 4	尾 5	尾 6	尾 7	尾 8	尾 9
2016106	04 05 13 22 25 30	1		1	1	1	2				
2016107	06 11 18 26 27 32		1	1				2	1	1	
2016108	02 03 7 8 19 26			1	1			1	1	1	1
2016109	09 11 15 16 27 33		1		1		1	1	1		1
2016110	05 07 28 31 32 33		1	1	1		1		1	1	
2016111	02 04 07 14 15 32			2		2	1		1		
2016112	06 12 14 15 18 25			1		1	2	1		1	
2016113	01 11 16 17 20 26	1	2					2	1		
2016114	05 16 20 22 27 29	1		1			1	1	1		1
2016115	06 08 20 22 26 27	1		1				2	1	1	
2016116	07 18 20 23 27 31	1	1		1				2	1	
2016117	03 10 14 17 28 33	1			2	1			1	1	
2016118	09 14 22 23 31 33		1	1	2	1					1
2016119	09 19 21 30 31 32	1	2	1							2
2016120	02 05 06 21 25 28		1	1			2	1		1	

我们看上表的数据。尾号个数为 5 的期数共有 12 期，所以首先，我们重点关注 5 个尾号的选号范围。

现在从 2016118 期开出 5 个尾号，2016119 期开出 4 个尾号，2016120 期开出 5 个尾号，那么 2016121 期开出一期 5 个尾号可能性很大。因此，我们就可以大胆地预测下期它应该会开出 5 个尾号了。

我们尝试从次数角度分析尾号的冷热确定号码，把尾数个数确定之后，就要具体地分析各个尾数的走势了。从尾 0 开始，逐个分析。

尾 0：在近 20 期内出 10 期，对尾号冷热来说，相对活跃。至 2016120 期 0 尾号遗漏 1 期，照热者恒热的原则，尾号 0 作为备选的重要尾号。

尾 1：在近 20 期内，此尾的出号次数是 12 期，对于一个在长期统计里都属于热尾的尾数来说，它在近期的表现一直很强，而且在 2016118 期至 2016120 期连续 3 期开出 4 个尾号 1，显示尾号 1 是过于热出了，下期尾号 1 有望蛰伏一下，所以暂不作为备选。

尾 2：此尾在近 20 期内开出 12 期，表现也十分强劲。我们发现，在这 20 期开始时，尾号 2 是冷号，遗漏了 4 期后才连续 3 期开出，接下来又遗漏 1 期，再连续开出，而在 2016116 期和 2016117 期遗漏 2 期尾号 2，在 2016118 期至 2016120 期又开出 3 期尾号 2，那么从由冷转温，再转热的过程中，我们认为，尾号 2 的表现还没有结束，所以下期尾号 2 作为一个备选。

尾 3：此尾在近 20 期内开出 9 期，属于温尾。尾 3 在 2016111 期至 2016115 期遗漏 5 期，表现不突出，但在 2016116 期至 2016118 期开出 3 期，2016119 期和 2016120 期又遗漏 2 期。从温号转热的角度看，尾号 3，还是有可能会开出的。在尾数的热冷排序里还是位于前列的，有理由回补开出一期，故此 3 尾一定要防范。

尾 4：此尾在近 20 期内开出 8 期，在 2016 年前 100 期内属于冷号，在这20期内属于温号。2016113期至2016116期没有开出，在2016117期、2016118期开出，此后2016119期、2016120期遗漏2期，根据冷号转温，而长期属于冷号的特征，该尾号走热的可能性不大，所以不予考虑。

尾5：此尾在近20期内开出10次，属于100期的冷尾中表现较为热出的一类。现在从2016115期到2016119期连续4期没有开出，并且2016120期又出现2个尾5号码，属于冷号再次回补，因此，2016121期回补开出的可能性不小，可以防范尾号5。

尾6：在近20期内，此尾的出号次数是8期，它在近期的表现并不好。按照2016年前100期统计，本身尾6属于冷号。但这个号码在2016112期至2016115期过热开出后，连续4期走冷，在2016120期回补了一个号码。那么未来有可能变回冷号。因此下期尾号6作为冷号，果断杀掉。

尾7：在近20期内，此尾的出号次数是13次，在近期的表现非常不好，连续3期未开出。过热后，又多期未表现，结合长期冷号，短期热出，现在又走冷的特点，下期走空的概率还是非常大。所以，下期2016121期也将尾7作为杀号处理。

尾8：尾8在近20期出现11期，而且多次出现连续出两期的情况。现在的情况也是2016120期出现过一期，连续出一期的情况也可能再现。所以，我们初步可以判断，尾8在下期有可能会出现。

尾9：尾9在近20期仅出现9期。现在的情况是尾号9本身较冷，但前期也连续走空4期和3期，2016120期又未出现。下期出现两种可能，一是继续走冷，二是开出。因为是冷号，而物极必反。所以，初步可以判断，尾9在下期出现或者走空的可能性各占50%。所以作为一个防守号码，准备两种选择。

综上对10个尾号的分析，我们知道：尾0备选；尾2备选；尾3

备选；尾 1、尾 4 可能要走空；尾 5、尾 8 备选，尾 9 作为两种选择；尾 6、7 可杀。

这样的话，出尾概率最大的就是 023589，考虑到下期可能会出现 5 个尾数，故我们可以在尾 9 中再选择，组合成 02358 或者 02359 的尾数类型。两种类型所包含的红号就是：

尾 02358 型：

10、20、30、02、12、22、32、03、13、23、33、05、15、25、08、18、28 共 17 个红号；

尾 02359 型：

10、20、30、02、12、22、32、03、13、23、33、05、15、25、09、19、29 共 17 个红号；

而 2016121 期实际开奖结果是什么呢？我们来看：

期数	红号	尾 0	尾 1	尾 2	尾 3	尾 4	尾 5	尾 6	尾 7	尾 8	尾 9	个数
2016121	02 03 10 23 25 28	1	0	1	1	0	1	0	0	1	0	5

开奖结果和分析非常吻合，尾数开出 5 个，出尾是 02358，是我们所分析的其中一种尾数类型。这样的话，准确地判断尾数，就极大限度地缩小了选号的范围。尾数一旦确定，红号的选择就可从确定的尾数中选择号码。如果您选择的是尾 02358 型的话，那么 17 个红号就包含了全部 6 个红球开奖号码了，可见尾数在实战中，如果应用得好的话，将起到举足轻重的作用。

尾数分析方法，需要长期的实践和分析，如果把尾数分析与其他的综合指标再结合起来运用的话，那将更大地缩小选号范围，为技术型彩民增添强有力的技术分析参数，为早日博中大奖打好坚实的基础。

实战：我们发现一个特征，尾号个数为 5 的情况，一般会连续出现，如果间隔超过 4 期未出现尾号个数为 5 的时候，就是最佳捕捉 5 个尾号期。

第9章 余 数

一、概念

在双色球里，余数的分析是一大部分彩民的钟爱。把33个红号除以一个整数（这个整数也可以称为模），把得到的余数相同的放在一起。这样，33个红号就被分类了。然后再对分类出来的余数进行分析跟踪研究，就可以发现，各种余数在长期的开奖过程中，也存在着一定的规律。

我们可以把33个红号除以7，也可以除以6，等等。除以不同的数，所得到的余数也就不同。下面把除7余数、除6余数……除3余数的分类罗列出来：

除7余数共7组：

除7余0：07、14、21、28

除7余1：01、08、15、22、29

除7余2：02、09、16、23、30

除7余3：03、10、17、24、31

除7余4：04、11、18、25、32

除7余5：05、12、19、26

除7余6：06、13、20、27

除6余数共6组：

除6余0：06、12、18、24、30

除6余1：01、07、13、19、25、31

除6余2：02、08、14、20、26、32

除6余3：03、09、15、21、27、33

除6余4：04、10、16、22、28

除6余5：05、11、17、23、29

除5余数共5组：

除5余0：05、10、15、20、25、30

除5余1：01、06、11、16、21、26、31

除5余2：02、07、12、17、22、27、32

除5余3：03、08、13、18、23、28、33

除5余4：04、09、14、19、24、29

除4余数共4组：

除4余0：04、08、12、16、20、24、28、32

除4余1：01、05、09、13、17、21、25、29、33

除4余2：02、06、10、14、18、22、26、30

除4余3：03、07、11、15、19、23、27、31

除3余数共3组：

除3余0：03、06、09、12、15、18、21、24、27、30、33

除 3 余 1：01、04、07、10、13、16、19、22、25、28、31

除 3 余 2：02、05、08、11、14、17、20、23、26、29、32

由上可见，除 7 余数有 7 组，除 6 余数有 6 组，就是说除几余数就有几组。这说明除的数字越大，分组就越多；分组越多，就越精细。但分得太多，又不便于分析，所以目前主流的余数分析主要有两个大类：除 5 余数和除 3 余数。下面我们就以除 5 余数及除 3 余数为重点详细讲解如何在实战中应用。

二、除 5 余数

如果细心的人不难发现，除 5 余数和尾数有着紧密的联系。

除 5 余 0：05、10、15、20、25、30（尾 0、尾 5 的号码）

除 5 余 1：01、06、11、16、21、26、31（尾 1、尾 6 的号码）

除 5 余 2：02、07、12、17、22、27、32（尾 2、尾 7 的号码）

除 5 余 3：03、08、13、18、23、28、33（尾 3、尾 8 的号码）

除 5 余 4：04、09、14、19、24、29（尾 4、尾 9 的号码）

因此为了体现它们之间的密切关系，我们可以将尾数和余数结合起来做一个表格，统计出 2016 年前 100 期除 5 余数的冷热情况。

2016 年前 100 期除 5 余数统计表

除 5 余 0	10	20	30	05	15	25	
次数	19	27	16	11	17	21	
总数	111						
均值	18.5						
除 5 余 1	01	11	21	31	06	16	26

续表

次数	16	14	15	15	21	15	22
总数	118						
均值	16.86						
除 5 余 2	02	12	22	32	07	17	27
次数	16	30	26	20	11	19	16
总数	138						
均值	19.71						
除 5 余 3	03	13	23	33	08	18	28
次数	21	21	15	10	19	22	15
总数	123						
均值	17.57						
除 5 余 4	04	14	24	09	19	29	
次数	14	23	18	15	20	20	
总数	110						
均值	18.33						

由上可见，最热的是除 5 余 2 的数，其次是除 5 余 0，余数的活跃程度由高到低排序是：除 5 余 2→除 5 余 0→除 5 余 4→除 5 余 3→除 5 余 1。

我们可在选号的过程中，跟踪各种余数的规律。假如连续几期，除 5 余 2 的号码都没有出现，那么从当期开始，必定要重点关注除 5 余 2 的号码，即尾 2 和尾 7 的号码，甚至可能会连续走热；假如连续几期都出现了除 5 余 1 的号码，那么从下期开始，必定要防止它要走空了，这时就可以杀掉尾 1 和尾 6 的号码。

三、除 3 余数

除 3 余数分为三大类：

除 3 余 0：03、06、09、12、15、18、21、24、27、30、33

除 3 余 1：01、04、07、10、13、16、19、22、25、28、31

除 3 余 2：02、05、08、11、14、17、20、23、26、29、32

它最大的特点就是三种余数个数一样，都是 11 个，便于分析。

为了讨论它们这三种余数的特性，我们可以统计出 2016 年前 100 期的除 3 余数的出号情况。

2016 年前 100 期除 3 余数统计表

除 3 余 0	03	06	09	12	15	18	21	24	27	30	33
次数	21	21	15	30	17	22	15	18	16	16	10
总数	201										
均值	18.27										
除 3 余 1	01	04	07	10	13	16	19	22	25	28	31
次数	16	14	11	19	21	15	20	26	21	15	15
总数	193										
均值	17.55										
除 3 余 2	02	05	08	11	14	17	20	23	26	29	32
次数	16	11	19	14	23	19	27	15	22	20	20
总数	206										
均值	18.73										

由上可见，最热的是除 3 余 2 的号码，其次是除 3 余 0 的号码，最冷的是除 3 余 1 的号码。同理，在选号的过程中，跟踪各种余数的冷热特征。假如连续几期，除 3 余 2 的号码都没有出现，那么从下期开始，必定要重点关注除 3 余 2 的号码，甚至可能会走热；假如连续几期都出现了除 3 余 1 的号码，那么从下期开始，必定要防止它走空了，这时就可以杀掉除 3 余 1 的号码。

四、余数实战应用

我们以除 3 余数为例，谈谈在选号过程中，如何应用余数理论。

期数	红 1	红 2	红 3	红 4	红 5	红 6
2016001	06	13	16	18	20	22
2016002	09	14	17	20	24	30
2016003	01	10	14	23	26	28
2016004	08	10	17	22	25	33
2016005	11	14	18	20	31	33
2016006	13	16	18	20	28	31
2016007	05	12	14	20	27	29
2016008	02	15	24	29	32	33
2016009	10	14	24	25	27	32
2016010	02	04	12	14	19	25
2016011	03	08	10	15	22	29

第一位：11 期内，除 3 余 0 的号开出 3 期，除 3 余 2 的号开出 5

期，除 3 余 1 的号开出 3 期。除 3 余 2 的热号已经表现较好，下面温号和冷号有望回补。所以下期关注 1 路号 01、04、07 和 0 路号 03、06、09。考虑第一位首选 04、06、07。

第二位：除 3 余 1 号是 5 期，余 2 号是 4 期，余 0 号是 2 期。除 3 余 1 号因为是大统计周期的冷号，在第二位表现较为活跃，下期有可能走冷，所以下期首选将余 1 号排除。余 2 号码是热号，表现 4 期，也属于正常开出，而余 0 的号码恰恰属于应该回补的重要号码。所以本位置重点选 0 路号码，故选择 09、12、15 等。

第三位：余 2 的号码开出 4 期，余 0 号开出 5 期，余 1 号开出 2 期，均属于正常表现，那么，余 2 的号本属于热号，就应该继续表现，所以多选择 2 路号，就考虑 11、14、17 开出备选。

第四位：余 0 号开出 2 期，除 3 余 2 开出 7 期，除 3 余 1 的开出 2 期。由于热号除 3 余 2 的号码在此位置出现较多，先排除了除 3 余 2 的号码。重点从余 1 和余 0 的号码中选择，因为余 1 的 25 在两期前开出过，所以本期防 1 路号回补，所以第四位看好余 1 的号码最好是在 16、19、22、25 中选择。

第五位：余 2 的号码出现 3 期，余 0 号开出 3 期，余 1 号开出 5 期。余 0 号码属于冷号，杀去。余 0 号是 3 个，属于正常，而余 2 号码开出 3 期，已经属于稍冷。并且连续 2 期没有出现过余 2 的号码。因此，只有余 2 号码，可以作为重点防守的对象。由于是第五位，故应在 20 以后选取号码，备选可以有 23、26、29。

第六位：余 0 号开出 4 期，余 1 号开出 4 期，余 2 号开出 3 期。余 1 号码因为属于大周期的冷号，但是此时表现较好，所以杀掉余 1 号码。只有余 2 号码反弹回补热出才属于正常。所以在第六位，重点关注属于余 2 号码。因为是最后一个位置，所以选择 2 路热号，29、32 的可能性很大。

而201612期的开奖号码是：

期数	红号
2016012	07 12 14 16 27 32

在此，我们的分析只有第五位的余0的27没有分析正确，其余五个位置都正确。由此可见，我们的余数分析还是可取的。当然，余数只是双色球分析方法中其中的一种技术参数，我们还需要结合其他的参数共同发挥作用，才更能显现出余数预测的优势。

实战：在分析判断每个位置的具体除3余数时，我们建议短期内，同路号上下期数不超过3期为宜，连出3期（或3期以上）就坚决杀掉上期同路号。一定得记住，热路号会热出，冷路号会回补。

第10章 AC值

虽然双色球的出号是随机的，我们可以自由选择自己心仪的号码，但是不管如何，像01、02、03、04、05、06或者01、02、11、12、21、22这样的投注，大家应该还是不会去选择的吧？这里就涉及一个号码的复杂性与合理性的问题。AC值也正是为了判断一组号码的复杂性与合理性而定义的。

所谓AC值，也可以称作“数字复杂指数”，它是引自国外乐透型彩票分析研究的一个概念，是评估乐透型彩票号码价值的重要参数。它是指任何一组号码中所有两个不同号码数字的正数差值的总数减去（R-1）的值，其中R为投注号码数。例如，对双色球来说，某期号码为：04、09、10、21、22、24，则这6个号码之间的正差值分别是：

5、6、17、18、20；

1、12、13、15；

11、12、14；

1、3；

2

AC值最小值为0，最大值分情况：当7个基本号数时为15，6个基本号数时为10，5个基本号数时为6。AC值越大，表明号码算术级数越复杂，规律性越差，随机性越强；AC值越小，表明号码算术级数越简单，规律性越强。含算术级数过多的号码，其复杂值较低，则随机性越差，中奖机会也更低。全部由算术级数构成的号码，复杂值可以为0。

在双色球里面，红号是6个，假如得到的15个差值都不一样，那么它的AC值就是：15－（6－1）＝10；但至少会有5个不同的差值，比如说：01、02、03、04、05、06，它的差值就包含了5个：1、2、3、4、5，那么这个时候它的AC值就是：5－（6－1）＝0，所以，在双色球里面，AC值范围是0～10。

实际的开奖历史号码中，如果大家要考虑AC值，建议大家：AC值为6、AC值为7、AC值为8的较为常见，重点读者可以把握6～8这个范围的AC值。

由于知道了AC值的常出范围是6～8，那么，假如在连续好几期AC值不是出在这个范围，那么从下期开始，必定要重点关注这个范围。

由于已经连续多期走偏态，那么下期开始，我们必定要重点关注走正常渠道，就是说偏态应当走到极限了，不可能再例外下去。那么这时候，我们就应当把下期的AC值范围设定在8或7。

由于AC值只是判断一注号码的复杂性与合理性，并没有涉及某个具体的红号，故AC值还要配合其他参数一起使用才能见效。

AC值如果是手算的话，还是有点麻烦，而用软件来算的话，您只需要把自己看好的号码输入，就能计算出AC值，或者限定AC值的范围，就可以过滤掉很多无用的投注。很多双色球软件，都有计算

AC 值的功能。

一般，双色球 AC 值较小的号码组合，距离奖号较远，AC 值较大的双色球号码组合，可能距离奖号更近一步。

第11章 五行相生相克

一、概念

五行是指“金，木，水，火，土”。五行学说是我们祖先对自然界万事所具属性的高度哲学概括。它绝不仅指人们日常生活中见到的五种物质，它更为贴切的内涵是一种对事物的描述和抽象概括。自然界各种事物的发展变化都是这五种物质不断的运动和相互作用的结果，五行有以下特征：

水：具有寒冷、向下的特征；

火：具有炎热、向上的特征；

木：具有生发、条达的特征；

金：具有清静、收杀的特征；

土：具有长养、化育的特征。

这五种元素有着相生相克的关系。

二、五行相生

五行相生好比母子，有相亲相爱之情，意味着畅顺、吉祥。如：

木生火：火要依靠柴薪来维持燃烧；

火生土：土要依靠太阳来普照；

土生金：金要依靠山岩来储存；

金生水：水要依靠铁器来开导疏通；

水生木：木要依靠雨露来灌溉。

在双色球里，我们可以把33个红号分别对应五行中的金、木、水、火、土，那么号码之间就存在着某种相生关系了。

《洛书》有言：一六为水，二七为火，三八为木，四九为金，五十为土。一与六共宗、二与七为朋、三与八成友、四与九同道、五与十共守。目前国内各种乐透型彩票的每一个备选号码，不外乎是五行属性之中的一个号码：水（1，6）、火（2，7）、木（3，8）、金（4，9）、土（5，0）。而根据同尾法则，任何号码的五行属性，仅看它的尾数，也就是说，五行属性由尾数决定。以双色球为例，09、19、29等号码的属性是金，01、11、21、31、06、16、26等号码的属性是水。

这样我们就可以做出一个五行对应表：

金：04、14、24、09、19、29（除5余4）

木：03、13、23、33、08、18、28（除5余3）

水：01、11、21、31、06、16、26（除5余1）

火：02、12、22、32、07、17、27（除5余2）

土：05、15、25、10、20、30（除5余0）

不难发现，其实金对应的是除5余4的号码；木对应的是除5余3的号码……每一个属性都和除5余数对应。

自然界事物相互孳生、促进、发展的五行相生规律，促使五行不断运动、升华：水生木、木生火、火生土、土生金、金生水。这就告诉我们，各个属性之间存在某种相依相存的关系，即相生关系：

水（1，6）催生木（3，8）
木（3，8）催生火（2，7）
火（2，7）催生土（5，0）
土（5，0）催生金（4，9）
金（4，9）催生水（1，6）

五行相生关系并不是每期都能奏效，因为双色球的开奖是随机的，出什么样的号码都有可能。但是，在一定的条件下，五行相生关系还是可以适用的，这就需要我们长期地跟踪、总结和归纳，才能更好地运用这种关系。

三、五行相克

五行相克，好比战争，彼此敌对。据《白虎通义》载：五行所以相害相克者，天地之性。众胜寡，故水胜火也；精胜坚，故火胜金；刚胜柔，故金胜木；专胜散，故木胜土；实胜虚，故土胜水也。

木克土：树木可以入土；
火克金：烈火可以熔金；
土克水：土可以覆水；
金克木：金可以伐木；
水克火：水可以灭火。

木（3，8）克土（5，0）

火（2，7）克金（4，9）

土（5，0）克水（1，6）

金（4，9）克木（3，8）

水（1，6）克火（2，7）

彩民可以自行做出一个五行相克的表，把对应的各个具体号码也罗列出来，我们要坚持的原则就是：同一注里面，相克的号码不超过两个，或者没有相克的号码。虽然有例外的情况，就是说相克的号码同时出3~4个的，但是这样的情况毕竟是少数，我们所要掌握的就是在大多数情况下，五行相克还是隐约地起着一种作用，只要善于思考和研究，认真分析每一个号码的特性，那么号码之间的相克关系也会逐渐被掌握，从而能够准确地判断下一期的相克关系。

相克也可以说是有相互的排斥性，就是指两个或两个以上号码之间互相排斥，这些号码不可能一起出现。从号码走势图来观察，可以发现彩票号码之间的相互排斥是客观存在的。有的号码相互排斥是暂时的，也就是说，这些号码的相互排斥只会持续5期至10期，如近期双色球红区号码中的4和18、3和28，已有数期不同时出现；有的相互排斥是长期的，从第一期开始就互相排斥，仿佛老死不相往来，偶尔重合一下又立即天各一方下去，如号码02和11、01和33，等等。通过寻找号码之间的相互排斥性，每个号码每一期都可以找到4~6个相互排斥的号码，且准确率达到90%。

研究双色球号码之间的相互排斥极其重要，比如您买一注含6个号码，但其中有两个号码是相互排斥的，这两个号码绝对不会一起出现，那么，您只要将这两个号码分开，买两注单式6个号码就可以了。包7个号码、8个号码等原理也是如此，以此类推。由于每个号码每一期都可以找到4~6个相互排斥的号码，如果不通过相互排斥的原理来组合号码，买的号码越多，其中绝对不会出现的组合就越多。

用双色球号码之间的相互排斥将这些号码分开，可以少花很多冤枉钱。最重要的是，利用彩票号码之间的相互排斥规律可以把全部号码分得清清楚楚，避开组合上的盲点，如果组合得正确的话，可能只需要10多个互相吸引的号码就可以选中可能开出头奖的组合。

特别指出：五行预测奖号，仅供参考，提供了一个特别的选号思路。

第12章 数 码

关于数码的理解和应用，一般有重号、连号、斜连号、质数号等。理解并且运用好数码，是决定我们选号正确与否的最关键因素。它是一个具体的概念，而奇偶、区间、遗漏等技术参数是一个整体的概念。

一、重号

所谓重号，就是指与上期奖号相同的号码。看似普通的重号，其中却蕴藏着不少的数学奥秘。双色球一共33个红号，从理论上分析某一期开出的6个红色球奖号，相对于上一期的奖号而言，不外乎以下几种类型：

有6个“重号”（即与上期奖号完全相同）。这种类型所有可能的组合为1种，理论上出现的概率为0.00009%；

有5个“重号”。这种类型所有可能的组合为162种，理论上出现的概率为0.02%；

有4个“重号”。这种类型所有可能的组合为5265种，理论上出现的概率为0.48%；

有 3 个“重号”。这种类型所有可能的组合为 58500 种，理论上出现的概率为 5.28%；

有 2 个“重号”。这种类型所有可能的组合为 263250 种，理论上出现的概率为 23.77%；

有 1 个“重号”。这种类型所有可能的组合为 484380 种，理论上出现的概率为 43.73%；

没有“重号”。这种类型所有可能的组合为 296010 种，理论上出现的概率为 26.73%。

可见，出 1 个重号的概率是最大的，它占了全部组合的将近一半。

下面让我们来看看实际的开奖结果和理论上有什么差异。以 2016 年前 100 期的重号数据为例来分析。

重号个数	次数	百分比
0	27	27%
1	41	41%
2	26	26%
3	5	5%
4	1	1%
总计数	100	100%

可见重号个数为 1 的情况占了 41%，和理论值出入是不大的，这说明了一个问题：重号个数为 1 是大多数情况。

实战：在选号的时候，一定要在上期开出的号码中，至少要考虑一个号码，作为下期必出的一个奖号；若连续 3 期以上都没有开出重号为 1 个的情况，那么从下期起，就必须要关注重号为 1 个的情况了。

举一个 10 期奖号的例子：

期数	红号	重号个数
2016101	01 03 19 24 32 33	1
2016102	05 08 10 14 17 30	0
2016103	01 05 13 19 24 27	1
2016104	05 09 11 18 30 31	1
2016105	08 10 19 27 28 31	1
2016106	04 05 13 22 25 30	0
2016107	06 11 18 26 27 32	0
2016108	02 03 7 8 19 26	1
2016109	09 11 15 16 27 33	0
2016110	05 07 28 31 32 33	1
2016111	02 04 07 14 15 32	2

从 2016101 期到 2016111 期中，第 102 期没有重号，第 103 期就开出了 1 个重号，106 期、107 期连续两期没有重号，第 108 期开出 1 个重号，第 109 期没有开出重号，第 110 期就有了 1 个重号。

实战：判断具体重号的号码方法有：①龙头易重复，如 102 期龙头 05，就重复到 103 期中；②短期内热号重复，如 102 期、103 期、104 期都是 05 重复，05 是属于热号重复；③凤尾重复，如 104 期凤尾 31，在 105 期重复开出了 31，又如 109 期凤尾 33，重复到了 110

期中。

有了重号的概念，就可以引申出另一个概念：隔 1 重号，俗称隔 1 期号。所谓的隔重号就是指一个号码间隔 1 期再出现。例如，001 期开出 02，003 期又开出 02，那么 02 就可以称为是隔 1 重号，或者称为隔 1 期号。当然了，也有隔 2 期号。如果 001 期开出 03，004 期再开出 03，那么 03 就可以称为是隔 2 期号。隔重号的现象，在双色球里面，是非常普遍的。举例说明：

期数	红号
2016101	01 03 19 24 32 33
2016102	05 08 10 14 17 30
2016103	01 05 13 19 24 27
2016104	05 09 11 18 30 31
2016105	08 10 19 27 28 31

2016101 期开出 01、19、24，2016103 期又开出 01、19、24，说明 01、19、24 是具有隔 1 重号的性质，那么在 2016104 期我们可以杀掉这 3 个号码，而在 2016105 期，我们就可以对这 3 个号码重点关注了。果然，2016104 期 01、19、24 均没有出现，而在 2016105 期开出了号码 19。说明隔 1 重号在某一段时间内，还是起着作用的。

实战：隔 1 期号，也是可以作为选号选胆的一个重要参考。

研究隔重号，需要彩民们长期的跟踪以及研究，因为每一个号码，它的隔重规律都是不大一样的。

二、连号

所谓连号，简单地来理解，就是在 6 个开奖号相连着的号码。一般我们说连号，都是像01、02；04、05、06这样号码之间的间距为1的号码。如果2个号码相连，就说是2连号，3个号码相连，就说是3连号。

连号现象是双色球中最普遍的，经常会出现2连号或者3连号的情况。那么，在实际的开奖过程中，连号是怎么出来的呢？下面我们以2016年前100期的数据为准，探讨一下连号的特性。

连号个数	次数	百分比
0（无连号）	40	40%
2（二连号）	36	36%
3（三连号）	13	13%
4（两组二连号或四连号）	10+1	11%
5（五连号）	0	0.00%
总计数	100	100%

可见，开出无连号与一组二连号的概率是最大的，占了2016年前100期的76%，而无连号占据40%，一组二连号占据36%；而开出3连、4连（2组二连或四连号）、5连的概率是很低的；而开出6连是根本不可能的。这就告诉了我们一个道理，重点关注2连或者无连号的情形。

实战：假如连续好几期都没有连号，那么下期开始就要关注二连号的出现；假如连续几期内都有连号发生，那么下期开始就有可能无连号开出了。

以2016年096期至100期，分析101期的开奖号码为例。

期数	红号	连号个数
2016096	06 13 14 21 22 24	4
2016097	06 13 25 26 28 31	2
2016098	02 08 25 29 31 32	2

从2016096期到2016098期共3期，开出了一期两组二连号和两期二连号的发生，有可能达到极限，那么从下期开始就必定要重点关注连号为0的情况了。而实际开奖结果是2016099期：01、11、21、23、27、33，开出的连号个数就是0，即没有连号。

期数	红号	连号个数
2016099	01 11 21 23 27 33	0
2016100	03 10 22 23 27 29	2

从2016099期就开出无连号，因为二连号也占据了36%，所以在2016100期又开出了二连号22、23。

如果判断出有连号，那么连号的落点还需要继续判定。这就需要结合区间等技术参数综合分析了。

实战：连号具体落点，一是趋势性，就是按照一区、二区、三区、四区逐渐逐期开出；二是跳跃性，就是先前一区，接下来又开在第四区。这两种都是由当时短期的趋势性决定的。

假如您看好一区出号，那么就可以把连号的重点放在一区上考虑，否则就放在别的区间考虑。

连号和重号是双色球数码里面最重要的概念，合理、灵活地利用连号和重号，长此以往，必将获益匪浅。

三、间隔

1. 定义

间隔其实就是开奖号码从小到大排列后，号码之间的间距。N 个开奖号码，就有 N 个间距，连号的间隔是 0。在双色球中，因开奖号码有 6 个，所以间距就有 6 个。判断方法是：第一间隔是首位与第二位之间的间距，第二间隔是第二位与第三位之间的间距……以此类推，直到末位与首位间的间距为第六间隔，也就是末间隔，也叫首尾差。末间隔是这样理解的：如首号 05，尾号 31，可理解成 31-05=26，这个间隔为 26。

2. 间隔的特点

（1）不是每个间隔都会在下期出号，总会有 1~2 个间隔轮空。实战：我们可以根据号码的冷热来判断轮空的间隔，达到缩小选号范围的目的。

（2）一般两三期内都有零间隔，也就是 2~3 期内必有连号，说明连号很常见。实战：零间隔都是紧跟在小间隔的奖号附近，而不是紧跟在较大的间隔之后。这一信息，可为我们确定连号奖号的位置起帮助作用和参考。

（3）间隔值大于等于 10，也就是我们说的大断区时，要引起高度重视，因为这个间隔可能成为下期出码的重点区域。特别是这个大间隔出现缩小迹象时，更要注意。实战：据观察，下期奖号如果出现，一般会在这个间隔内的靠近两侧的奖号，多观察热号和温号。

如2016005期开出红球11、14、18、20、31、33，蓝球14。这个间隔值为11。在2016006期，我们判断20~31，必出1~2个奖号。我们考虑在20附近和31附近的奖号。果然2016006期红球奖号是13、16、18、20、28、31，开出的红球28就在我们分析的范围内。

四、夹号

1. 定义

夹号是指在上期奖号中，拥有一个或两个号码空档的奖号之间所夹之号。当空档值为1时是单夹号。当空档值为2时是双夹号。夹号开出的频率很高，是需要重点关注的。

2. 夹号的特点（以2016年前100期的开奖数据为例）

（1）夹号经常会在3~5期内出现。

如双色球2016001期形成夹号条件16~18，2016002期就出现夹号17，2016003期出现夹号条件23~26，2016004期就出现夹号25。

实战：夹号作为选号的参考，尤其是单夹号更值得重视。如某期出现产生单夹号条件，就应追至其出现为止。有个特例，当这个夹号在夹号条件形成前1~2期曾与别的号码组成过连号，那么，它就不会在3期内出现。

如2016009期形成夹号条件25~27，本来在下期有望开出夹号26，但因在2016009期同时出过连号24、25，所以直到3期后就是2016013期才出现26。又如2016019期出现双夹号条件13~16，但因在2016019期同时出现过16、17二连号，所以夹号14直到2016024期才出现。

（2）双夹号一般很难同时开出。

实战：双夹号一般不会同时开出，往往开出一个，另一个会在经过多期后，冷不防再开出一回。

如双色球2016087期中形成双夹号条件11~14后，双夹号12、13并不一起出（而且在2016086期形成09~12的连号和2016087期形成10~11连号），所以是2016090期先出13，再隔3期（在2016094期）开出12。

（3）夹号与重号有着微妙的关系。

实战：重号多则夹号少，而夹号多则重号少。所以，在选号过程中一定要调整夹号与重号比例。

五、邻号

1. 定义

所谓的邻号，是相对于上期的号码而言的。比如说上期的号码是15，本期开出16或14，那么16和14都是属于邻号。因为每期的号码包含6个，每一个号码都对应着两个邻号，比如上期的开奖号码是02、05、16、20、25、30，那么02对应有两个邻号，分别是01和03；05对应两个邻号，分别是04、06；以此类推，则加起来就共是12个号码，都属于邻号的范围，邻号最多是12个；假如上期的号码是01、02、03、04、05、06，那么邻号就只包括01、02、03、04、05、06、07这7个了。一般来说，邻号开出的频率是很高的，几乎每期都有邻号的出现。下面我们以2016年前100期的数据为准，探讨一下邻号的特性。

邻号个数	次数	百分比
0	14	14%
1	29	29%
2	31	31%
3	19	19%
4	6	6%
5	1	1%
总计数	100	100%

可见，邻号个数为两个的时候是最常见的，它占了所有开奖号中近1/3的情况；其次是邻号为1个时，占了29%；当然了，邻号为4个、5个的时候，出现的概率比较低些。

实战：我们在选邻号的时候，尽量多往邻号个数是两个的情况靠拢。若有好几期都没有出现过邻号个数为2的，那么下期开始，我们一定要重点关注邻号个数是两个的情况。

如：

期数	红号	邻号个数
2016016	01 20 22 24 25 26	4
2016017	05 06 08 20 22 30	0
2016018	12 13 14 17 21 25	1
2016019	06 13 16 17 23 30	2

从2016016期开始到2016018期，共3期，邻号个数都没有开出2个的情况，所以这就属于一个偏态了，从下期开始必定要重点关注邻号

个数为 2 的情况。

结果，2016019 期开出奖号 06、13、16、17、23、30，其中的奖号 13 和 16，分别对应的是 12 和 17 的邻号。这就开出了 2 个邻号。

2. 邻号的实战特点（以 2016 年前 100 期开奖数据为例）

实战 1：同一奖号衍生两个邻号时，一般只取一个。同时出现两个邻号的情况，较少见。如 2016024 期的 05 有两个邻号 04 和 06，而在 2016025 期只开出邻号 04。

实战 2：两个邻号中，先取可组成斜连的邻号作为备选。这要看走势图，结合多期数据，从图上确定这个邻号能否变为等距斜三连码，按趋势取斜连号。如 2016023 期的奖号是 03，它的邻号有 02、04，从图上看只有在 024 期开出 02 能和 022 期的 04、023 期的 03 形成反斜三连，而 04 无此特点，就可选 02，而不选 04。而图形中邻号与间隔相同期数的奖号，形成等距斜三连，相对较少，但是一旦出现，可备首选。

实战 3：尽量取夹号，就是说邻号中产生的夹号优先。如 2016018 期的 21 是 017 期奖号 20、22 的夹号，并且夹号是唯一的，所以首选它。

实战 4：注意区分邻号是热号、冷号或温号，从性质的划分上选取，一般按热号、温号，其次才到冷号的顺序取。

实战 5：若奖号中有一组二连号时，下期则连号的邻号一般要取一个，但您已在这组连号中选了一个重号，则除外。若奖号有 2 组甚至 3 组连号时，只取 1 个邻号，或者不取邻号都可以。

实战 6：除注意上期邻号外，还需注意隔一期邻号。如 2016039 期的 07 就是 2016037 期 06 的邻号。这种隔一期邻号的情况在双色球中还是较常见的，多加注意。

总之，实际投注中，把上期奖号的邻号全列出来，然后再逐个对这些邻号进行分析和推断。只要确定了邻号在下期的出号个数和具体号码，就能确定某一红球号码的必出。这在定胆中，十分方便。

六、质数号

质数是指只能被 1 和它本身整除的数。在 33 个双色球里面，属于质数的有 02、03、05、07、11、13、17、19、23、29、31 共 11 个（在此处研究时，为了统计方便，我们将 01 也看作质数），所以此处的质数是 12 个。由于质数已经占了全部红号的 1/3，按照理论上来看，它每期的出号应在 2 个左右，故我们需要探索质数号码之间的出号规律和性质。

下面我们以 2016 年前 100 期的开奖号码为例，统计一下质数号码在这一年里的分布情况。

质数个数	次数	百分比
0	4	4%
1	30	30%
2	39	39%
3	18	18%
4	8	8%
5	1	1%
总计数	100	100%

可以看到，质数号码为 2 个的情况是最多的，共开出 39 期，占 39%；其次是 1 个和 3 个质数开出的情况；最少见的就是 5 个质数开出的情况。这就说明：质数号码出 2 个的情况必定要重点关注。

实战：假如某几期内，一直没有出现过质数号码为 2 个的话，那么下期一定要重点关注质数号码出且只出 2 个的情况，这样就从 12 个质数号码里可以选出 2 个作为质数胆码。

例如：

期数	红号	质数个数
2016037	06 15 26 31 32 33	1
2016038	03 12 13 22 28 29	3
2016039	01 03 07 18 19 27	4
2016040	03 13 19 20 23 26	4
2016041	12 17 18 21 22 24	1
2016042	07 14 17 23 26 31	4
2016043	05 14 20 26 30 33	1
2016044	01 03 10 12 18 30	2

从 2016037 期到 2016043 期共连续 7 期都没有出现过 2 个质数号码的情况，这是极其少见的。那么从下期 2016044 期开始必定要重点关注质数号码为 2 个的情况。果然，2016044 期就开出了质数号码为 2 个的情况。这就是质数的统计学规律在里面起的作用。

如果对这 12 个质数号码再仔细观察的话，会发现，其实除了奖号 02 外，其他的 11 个质数都是奇数。33 个红号中，全部奇数才 17 个，而质数号码就占了 11 个，所以，研究奇数号码，其实大部分都是在研究质数号码。只要准确把握了质数号码，就基本解决了奇数号码的下期出号问题。

运用数码是常见选号中的关键所在，我们在实战中发现，多注意几个数码的搭配，一起选号可以取得较好的效果。

数码实战搭配一般原则：重号 1 枚，二连号 1 组，邻号 2 枚（或夹号 1 枚），质数一定要考虑 2 枚左右。

第四部分

详解蓝球

双色球的最高奖金是一等奖高达500万元以上。必须要求6个红号以及1个蓝号同时正确，才能获得最高奖金。如果蓝号不对，要么全军覆没；要么就是即使6个红号全部正确，那一般也只能获得几十万元的奖金，痛失巨奖。差距之大，让我们深深感到，蓝号在双色球中不可或缺的地位。选好蓝号，少则保本，由于六等奖奖金为5元，因此打中蓝色球单注就有5元奖金，从保本的角度看，符合保本要求的蓝色球号码可以有2.5个；多则500万元以上大奖。因此，我们需要深入研究蓝号的出号规律以及性质。

蓝号的技术参数包括：区间、奇偶、余数、位数、尾数、遗漏、步长等。

第1章 区　间

双色球蓝号从01～16，一共16个号码。所谓的区间，是指我们把16个蓝号按照某种方式分成若干个区间。一般有8区分法、4区分法、2区分法。区间分布最主要的作用是用它来判断一个大概的范围，而不是将它定位到某一个号码上。下面对这三种常规的区分法，逐一分析。

一、8区划分法

2个号码为1个区，01、02为第一区，03、04为第二区，依次类推，共8个区。开奖号是1个蓝号，那么在每个区间内的蓝号出现概率就是：$1 \div 8 = 12.5\%$，即在每个区间就是大概每8期就有一次开出的机会。下面我们先来看看从2016年001期至100期8区分法的出号统计情况。

2016 年前 100 期蓝球 8 分区统计表格

区间	1 区		2 区		3 区		4 区	
蓝号	01	02	03	04	05	06	07	08
次数	11	5	6	8	6	5	9	3
总计	16		14		11		12	
区间	5 区		6 区		7 区		8 区	
蓝号	09	10	11	12	13	14	15	16
次数	4	5	5	10	3	5	7	8
总计	9		15		8		15	

在 2016 年前 100 期开奖数据中，总共开出蓝号 100 个。每个区间的出号个数平均值应该是 100÷8＝12. 5 个。其中最热的区间是 1 区，共开出 16 个，比平均值 12. 5 个高出 3. 5 个；最冷的区间是 7 区，仅开出 8 个，比平均值 12. 5 个低出 4. 5 个。

1 区的热出，主要是 01 这一个蓝球表现良好所致，号码 01 出现 11 次，其出现频次列所有开奖蓝号之首。

7 区的冷落，主要是号码 13、14 的整体冷出所致，分别开出 3 次和 5 次，双双走冷。

有了这些数据统计，我们就有了分析的依据，从而得出一个结论：因为我们统计的是 100 期，所以存在着短期（10 期内）热区热出，冷区恒冷，中期（30 期内）冷热转换的特点。在 2016 年 100 期后，从短期（10 期内）来考虑，1 区（01、02）热号是我们重点关注的对象；7 区（13、14）冷号短期（10 期内）也是走冷的趋势。但是中期（30 期内）来看，冷热区域有转换的可能。

我们通过2016年前100期开奖数据分析，得出了短期1区什么时候该考虑，而7区什么时候该舍弃的经验。

先来看1区的实际开出情况。2016101期到2016110期10期中，开出2期，还属于比较热的情况。

再看7区的实际开出情况。2016101期至2016110期开出一期13，显示当时7区的蓝球号码，是走弱的趋势。

但是经过30期后，再统计呢？这个冷热区域就有可能转换。

在2016101期至2016130期共30期中，1区号码（01、02）共开出4次，而7区号码（13、14）共开出6期。1区号码由热转温，7区号码由冷转热。

由这两个区域中、短期对比看，如果大家仅关注是10期以内的冷热因素考虑选择号码的话，建议大家选择短期热区热号；若考察30期为一周期的因素选择号码的话，就要考虑原来短期热区热号与冷区冷号的转换使用。通过转换后，从而确定新的热区去选择中意的蓝球号码。

实战：选择号码，首先要看历史走势，假如碰到符合热区出号、冷区断号的特征，我们就可以在热区选择蓝号，杀掉冷区的号码，以达到缩小出号范围、扩大中奖概率的目的。

二、4区划分法

4个号码为1个区，01、02、03、04为第一区，05、06、07、08为第二区，依次类推，共4个区。开奖号是1个蓝号，那么在每个区间内的蓝号出现概率就是：1÷4=25%，即在每个区间都是大概每4期就有1次开出的机会。下面我们先来看看2016年前100期4区分法的出号统计情况，从而探讨这种区分法的特性与应用。

2016 年前 100 期蓝球 4 分区统计表格

区间	1 区				2 区			
蓝号	01	02	03	04	05	06	07	08
次数	11	5	6	8	6	5	9	3
总计	30				23			
区间	3 区				4 区			
蓝号	9	10	11	12	13	14	15	16
次数	4	5	5	10	3	5	7	8
总计	24				23			

2016 年前 100 期，平均每个区间应出 100÷4＝25 个。1 区开出 30 个，比理论上的平均数 25 多出 5 个；2 区开出 23 个，比理论上的平均数 25 少出 2 个；3 区开出 24 个，比理论上的平均数 25 少出 1 个；4 区开出 23 个，比理论上的平均数 25 少出 2 个。

所以总体来看，是 1 区偏热，2 区和 4 区同时偏冷。得知了这个结论，其作用是什么呢？研究历史数据，作用很大！因为，研究彩票的时候，很多时候都是遵循这样一个原则：任何号码在很长的“一段时间”内，它的出号个数应当“近似接近”于它的理论出号个数，但是在短期内则突出较热的区域号码。比如我们可以取 10 期以内，也可以取中长期的时间，比如说 30 期，也可以取更长的 200 期。如果取较短的时间，它有可能和理论的出号个数偏差大些，而如果取较长的时间，那么它就会和理论的出号个数越来越接近，也就是我们所说的“近似接近”，如果取无限长的时间，那么它的总体统计的出号概率必定和理论相等。

2016 年前 100 期，这可以说是一段中长期的时间了，虽然从总体的统计来看，每个区和理论的出号个数都相差不大，但是 1 区仍偏热，2 区和 4 区都仍偏冷。这就告诉了我们一个信息：在 2016100 期后，1 区短期内仍会走热，而 2 区和 4 区有望继续走冷，而从中期统计看，可能会发生反转。

在 2016101 期至 2016110 期开奖中，蓝球 1 区开出了 4 期，2 区开出了 2 期，3 区开出了 1 期，4 区开出了 3 期。从这 10 期中，我们发现短期内，1 区还是热区，属于开出最多的区域。原来的 2 区和 4 区属于冷区，已经悄悄地转换，变成了温区，而最冷的区域是 3 区，只开出了 1 期。所以说，这个区域是在中短期的统计中，热区很热，但是温区和冷区已经开始转换了。10 期统计：1 区最热，4 区次之，2 区第三，3 区最冷。

我们再来看看 30 期的统计情况，就是从 2016101 期至 2016130 期的统计，1 区开出 9 期，2 区开出 3 期，3 区开出 8 期，4 区开出 10 期。在这 30 期统计中，四区已经由原来的最冷区域变成了最热的区域，而 1 区已经由热区转变成温区了，原来的 2 区是冷区，现在仍是冷区。这 30 期统计：4 区最热，1 区次之，3 区第三，2 区最冷。

上面的 10 期和 30 期不同的统计结果，可以总结用于实战。

实战：多注意使用短期的蓝球热区统计指标，指导蓝球选号。中期以上的统计就由于变化比较大，难以把握。短期重点关注热区的表现，重点考虑冷区号码作为杀号。

这就是 4 区分法的思路，其实 4 区分法实质上就是 8 区分法的合并，8 区中的 1、2 区就是 4 区分法中的 1 区，它们之间是有着紧密的联系的。如果我们把 4 区分法再细合并的话，就得到了 2 区分法，也就是下面我们要讲的内容。

三、2区划分法

2区划分法其实就是把16个蓝号分为2个区间，01~08为第一区间，09~16为第二区间。开奖号是1个蓝号，那么在每个区间内的蓝号出现概率就是：1÷2=50%，即在每个区间都是大概每2期就有一次开出的机会。下面我们先来看看2016年前100期2区分法的出号统计情况，从而探讨这种区分法的特性与应用。

2016年前100期蓝球2分区统计表格

区间	1区							
蓝号	01	02	03	04	05	06	07	08
次数	11	5	6	8	6	5	9	3
总计	53							
区间	2区							
蓝号	09	10	11	12	13	14	15	16
次数	4	5	5	10	3	5	7	8
总计	47							

2016年前100期，共开出100个蓝球，平均每个区间应出100÷2=50个。实际上1区开出53个，比理论上的平均数50多出3个；2区开出47个，比理论上的平均数50少出3个。

所以总体来看，1区偏热，2区偏冷。

这就告诉了我们一个信息，在2016年100期后的10期是否遵循了短期1区热、2区冷，或者说2016年100期后的30期是否也遵循了1区与2区相互转化，变成了1区冷、2区热的格局呢？

2016101 期至 2016110 期统计，1 区开出 6 次，2 区开出 4 次。果然是短期 1 区热，2 区冷。2016101 期至 2016130 期统计，1 区开出 12 次，2 区开出 18 次，2 区的出号表现果然超过 1 区。1 区与 2 区完成转化，2 区热，1 区冷。

实战中，也与上面 4 区分法的分析使用相同。既然区域开始走热，就重点关注热区的表现，而重点杀掉冷区的号码。

这就是 2 区分法的思路，其实 2 区分法实质上就是 4 区分法的合并，更是 8 区分法的合并。8 区分法中的 1、2、3、4 区（即 4 区分法中的 1、2 区）就是 2 区分法中的 1 区；它们之间是有着紧密联系的。

在讨论蓝号的时候，我们还经常谈到大号、小号，其实大号就是 2 区分法中的 2 区里的 8 个号码：09、10、11、12、13、14、15、16；小号就是 1 区里的 8 个号码：01、02、03、04、05、06、07、08。研究 2 区分法的性质其实就相当于是研究大号和小号了。

通过多年的实战，我们发现还是 4 区分法和其演化变形的其他 4 分法具有很强的实战意义。

这就是我们所说的几种区间分析法，虽然分法不同，但是原理是一样的，都是把 16 个蓝号分成若干个区间，然后统计、分析、预测区间的走势，从而判断出区间的出号范围。仅仅有这样的区间分析方法还不够，因为区间是一个整体的概率，并没有落实到具体的哪个号码，所以，我们还要继续研究每个蓝号的出号规律，而以下将要讲到的奇偶、余数、位数、遗漏等，就是具体到了每个号码的出号特性。

第2章 奇偶

在双色球里面，所谓的奇数，就是除 2 余 1 的数；所谓的偶数，就是除 2 余 0 的数。奇偶，也就是彩民俗称的单双号。双色球的 16 个蓝号中，奇数共 8 个号，它们是 01、03、05、07、09、11、13、15；偶数共 8 个号码，它们是 02、04、06、08、10、12、14、16。从理论上来看，每期开出奇数或者偶数的概率都是一样的，那么实际情况是不是如此呢？

下面我们把 2016 年前 100 期的奇偶出号情况做成一个表：

2016 年前 100 期蓝球奇偶统计表格

奇蓝	01	03	05	07	09	11	13	15
次数	11	6	6	9	4	5	3	7
合计	51							
偶蓝	02	04	06	08	10	12	14	16
次数	5	8	5	3	5	10	5	8
合计	49							

奇数方面：号码 01 是最热的号码，在 100 期的统计里，共开出 11 次，在全部开奖号码中，位列 100 期的所有蓝球奖号的统计之首，属于走热蓝球，其次是号码 07 开出 9 次，蓝球 15 开出了 7 次。而最冷的号码是 09，在 100 期内只开出 4 次，属于大冷。

偶数方面：最热的号码是 12，100 期内开出了 10 次，位于 100 期的开出次数统计次席，也属于较热。其次是 04 和 16，它们在 100 期内统计都开出 8 次；最冷的号码是 08，100 期内只开出 3 次。

总体来看，在 100 期的开奖历史数据中，开出奇数 51 次，占总数的 51%；开出偶数 49 次，占总数的 49%。说明开出奇数的概率稍大于偶数，但是整体说来，奇偶数量差距不大。这就说明一个问题：在 2016 年前 100 期内是以奇数稍多的。如果连续好几期都没有开出奇数的话，那么从下期开始，必定要重点关注奇数的表现。

如 2016104 期至 2016113 期共 10 期蓝球，开出 8 期偶数蓝球，2 期奇数蓝球，并且 110 期至 113 期开出蓝号 08、04、12、14，连续 4 期开出的号码都是偶数，那么 2016114 期，应该怎么去选择呢？按照之前的结论："在 2016 年 100 期后短期可能也是以奇数为主，另外还有短期内偶数蓝球已经显出过热！"那么下期就应该重点关注奇数了，因为偶数已经连续出了 4 期，假如再继续出偶数的话，就变成偶数过于走热，到时会造成偶数的一个阶段内统计会多于奇数，和我们之前的结论不一致。故我们可以断定，从下期即 2016114 期应重点关注奇数！甚至奇数会连续走热出现。而开奖结果，果然是开出奇数 09，且在 2016115 期、2016116 期均开出奇数蓝球。

我们再分别看 10 期和 30 期奇偶蓝球出号的情况。在 2016101 期至 2016110 期，奇偶蓝球都开出了 5 次，没有冷热区别。但是在 2016101 期至 2016130 期共 30 期内，区别很明显，奇数开出了 13 期，偶数开出了 17 期，在 30 期统计内，奇偶有些偏差过大，那么我们就可以推测，在 2016131 期至 2016153 期的剩余 23 期内，奇数需要回补，我们就多看好与预测奇数蓝球。果然：在 2016131 期至 2016153 期，奇数开出 13 期，偶数开出了 10 期。平衡下来，最后在 2016101 期至 2016153 期，奇数开出了 26 期，偶数开出了 27 期，还是很符合接近奇偶平衡搭配出号的统计特征。

实战：我们就应该把握住那种“连续开出 3 期（或 4 期）偶数”的情况。这时，下期应重点看好奇数，就可以杀掉偶数，一旦杀掉偶数，就相当于杀掉了 8 个蓝号，使得选号范围由原来的 16 个变成 8 个，大大缩小了选号的范围，提高了命中率，反之也类似。

第3章 余数

在双色球里，余数的分析是一大部分彩民的钟爱。把 16 个蓝号除以一个整数（这个整数也可以认为是模），把得到的余数相同的放在一起。这样的话，16 个蓝号就被分类了。然后再对分类出来的余数进行分析跟踪研究，就可以发现，各种余数在长期的开奖过程中，也存在着一定的规律。

由于蓝号是 16 个，通常我们只是探讨除 5 余数、除 4 余数和除 3 余数。可以把 16 个红号除以 5、除以 4，也可以除以 3 等，除以不同的数，所得到的余数也是不同的。下面把余数的分类罗列出来：

除 5 余数共 5 组：

除 5 余 0：05、10、15

除 5 余 1：01、06、11、16

除 5 余 2：02、07、12

除 5 余 3：03、08、13

除 5 余 4：04、09、14

除 4 余数共 4 组：

除 4 余 0：04、08、12、16

除 4 余 1：01、05、09、13

除 4 余 2：02、06、10、14

除 4 余 3：03、07、11、15

除 3 余数共 3 组：

除 3 余 0：03、06、09、12、15

除 3 余 1：01、04、07、10、13、16

除 3 余 2：02、05、08、11、14

由上可见，除 5 余数有 5 组，除 4 余数有 4 组，除 3 余数有 3 组，就是说除几余数就有几组。这说明除的数字越大，分组就越多；分组越多的话，就越精细。下面我们就以除 5 余数、除 4 余数以及除 3 余数为重点详细讲解如何在实战中应用。

一、除 5 余数

如果细心的人不难发现，除 5 余数和尾数有着紧密的联系。

除 5 余 0：05、10、15（尾 0、尾 5 的号码）

除 5 余 1：01、06、11、16（尾 1、尾 6 的号码）

除 5 余 2：02、07、12（尾 2、尾 7 的号码）

除 5 余 3：03、08、13（尾 3、尾 8 的号码）

除 5 余 4：04、09、14（尾 4、尾 9 的号码）

变相地说，除 5 余数分类，正好是尾数差 5 的区别分类。

上面的余数，除了除 5 余 1 含有 4 个号码之外，其余的都是 3 个号码。那么从理论上来说，除 5 余 1 的号码出现的概率应该是最高的。下面我们统计出 2016 年前 100 期的除 5 余数的出号情况。

2016 年前 100 期蓝球除 5 余数开出统计

除 5 余 0	05	10	15	
开出次数	6	5	7	
总计	18			
除 5 余 1	01	06	11	16
次数	11	5	5	8
总计	29			
除 5 余 2	02	07	12	
次数	5	9	10	
总计	24			
除 5 余 3	03	08	13	
次数	6	3	3	
总计	12			
除 5 余 4	04	09	14	
次数	8	4	5	
总计	17			

可见，最热的是除 5 余 1 的数，其次是除 5 余 2，余数的活跃程度由高到低排序是：除 5 余 1→除 5 余 2→除 5 余 0→除 5 余 4→除 5 余 3。

这样的话，我们就可以在选号的过程中，跟踪各种余数的规律。假如连续几期，除 5 余 1 的号码都没有出现，那么从下期开始，要重点关注除 5 余 1 的号码，即尾 1 和尾 6 的号码，甚至可能会走热；假如连续几期都出现了除 5 余 3 的号码，那么从下期开始，要注意它可能会走空，这时就可以杀掉尾 3 和尾 8 的号码。

另外，由于热者恒热，除 5 余 1 是因为多一个蓝球 16，才突出其开出次数的，所以我们建议多关注包含有 3 个号码的除 5 余 2 的热号码开出。

实战：若连续多期未开出除 5 余 2 号码，可以多关注除 5 余 2 号码的回补开出。

二、除 4 余数

除 4 余数分为 4 大类：

除 4 余 0：04、08、12、16

除 4 余 1：01、05、09、13

除 4 余 2：02、06、10、14

除 4 余 3：03、07、11、15

它的特点就是 4 种余数个数一样，都是 4 个，非常便于分析。

为了讨论这 4 种余数的特性，我们可以统计出 2016 年前 100 期的除 4 余数的出号情况。

2016 年前 100 期蓝球除 4 余数开出统计

除 4 余 0	04	08	12	16
次数	8	3	10	8
总计	29			
除 4 余 1	01	05	09	13
次数	11	6	4	3
总计	24			

续表

除4余2	02	06	10	14
次数	5	5	5	5
总计	20			
除4余3	03	07	11	15
次数	6	9	5	7
总计	27			

由上可见，最热的是除4余0的号码，其次是除4余3的号码，最冷的是除4余2的号码。同理，在选号的过程中，跟踪各种余数的规律。假如连续几期，除4余0的号码都没有出现，那么从下期开始，要重点关注除4余0的号码，甚至可能会连续走热；假如连续几期都出现了除4余2的号码，那么从下期开始，要注意它可能会走空，这时就可以杀掉除4余2的号码。

实战：由于除4余数符合分布均衡的特点，所以除4余数的蓝球号码，就可以完全按照阶段统计的热冷去追或杀掉蓝球号码。

三、除3余数

除3余数分三大类：

除3余0：03、06、09、12、15

除3余1：01、04、07、10、13、16

除3余2：02、05、08、11、14

它的特点是除3余0和除3余2的蓝球号码个数是5个，除3余1的蓝球号码个数是6个。理论上除3余1的蓝球出号概率是最高的。

事实上到底如何呢？我们看看 2016 年前 100 期的蓝球除 3 余数统计情况。

2016 年前 100 期蓝球除 3 余数开出统计

除 3 余 0	03	06	09	12	15	
次数	6	5	4	10	7	
总计	32					
除 3 余 1	01	04	07	10	13	16
次数	11	8	9	5	3	8
总计	44					
除 3 余 2	02	05	08	11	14	
次数	5	6	3	5	5	
总计	24					

可见，2016 年前 100 期内，最热的是除 3 余 1 的号码，最冷的是除 3 余 2 的号码。同除 5 余数与除 4 余数一样，在选号的过程中，跟踪各种余数的规律。假如连续几期除 3 余 1 的号码都没有出现，那么从下期开始，要重点关注除 3 余 1 的号码，甚至可能会走热；假如连续几期都出现了除 3 余 2 的号码，那么从下期开始，要注意它可能会走空，这时就可以杀掉除 3 余 2 的号码。

四、余数实战应用

我们以除 3 余数为例，谈谈在选号过程中，如何应用余数理论。

除 3 余数应用举例

期数	蓝球	余 0	余 1	余 2
2016110	08			●
2016111	04		●	
2016112	12	●		
2016113	14			●
2016114	09	●		
2016115	09	●		
2016116	13		●	
2016117	02			●
2016118	14			●
2016119	04		●	
2016120	09	●		
2016121	09	●		
2016122	08			●
2016123	16		●	

由上表观察可知：

余 0 号码在 14 期统计中，开出 5 期，中规中矩，属于热出，未来有可能继续走温。而余 0 号码如果走空的话，一般会在开出一期或者连续出现两期后走空。综合除 3 余 0 号码属于温号，而且在 2016120 期、2016121 期连续开出 2 期，所以 2016124 期很有可能要继续走空；

余 1 号码本身属于热号，在 14 期中开出 4 期，属于热号不热，有望回补开出，且2016120期至2016122期已连续走空3期，考虑到余1号码是热号，2016123期开出1路号16，但是1路号码仍有望回补，所以2016124期继续开出的可能性就很大；

余2号码在14期中开出5期，属于冷号热出，已经有所偏离短期正常统计特性，而且2016122期开出了2路号码08。考虑到余2号码是冷号现在热出的状态，2路号码有望冷却一段时间，可能隔一期开出2路号的可能性不大，所以2016124期2路号应继续走空。

综上所述，可以杀掉余0以及余2的号码，即杀掉02、03、05、06、08、09、11、12、14、15；下期2016124期就应在余1号码中选择，即01、04、07、10、13、16中考虑。而2016124期果然是开出号码10，和分析的结果完全一致。这样，我们的余数分析是几乎完全正确的。另外，我们跟踪了一下，在2016124期至2016130期，果然1路号码回补了，分别在2016126期、2016127期、2016128期、2016130期开出了1路号码，极好地完成1路号回补，阐释了热者恒热、强者恒强的彩票特性。

实战：追热杀冷，热温互换，是余数使用的一个特点。

当然，在这里只是举一个例子，在实际的分析过程中，往往不是这么准确的，但是选余数的思路可以从上面得到启发，只要余数判断正确，那么在2~4码内成功定蓝，也不是太困难的事情。这就是余数分析的威力，当然，余数只是双色球分析方法中，其中的一种技术参数，我们还需要结合其他的参数共同发挥作用，这样才能显现出余数预测的优势。

第 4 章 位数

蓝号从 01～16 共 16 个，我们把 01～9 称为一位数，把 10～16 称为二位数。因为一位数共 9 个，故理论上开出的概率就是 9÷16＝56.25%；二位数共 7 个，故理论上开出的概率就是 7÷16＝43.75%。

下面我们先来看看 2016 年前 100 期的出号统计情况，从而探讨位数的特性与应用。

2016 年前 100 期蓝球位数开出统计

一位数									
蓝号	01	02	03	04	05	06	07	08	09
次数	11	5	6	8	6	5	9	3	4
总计	57								
均值	6.33								

续表

二位数							
蓝号	10	11	12	13	14	15	16
次数	5	5	10	3	5	7	8
总计	43						
均值	6.14						

2016 年前 100 期，共开出 100 次蓝球。那么理论上一位数应该开出 56.25%×100 = 56.25 期，二位数应该开出 43.75%×100 = 43.75 期。事实上一位数开出 57 期，比理论上的 56.25 高了 0.75 期；而二位数开出 43 期，比理论上的值低了 0.75 期。可见，这 100 期内一位数开出的总体概率比二位数要稍微高一些。结合整体看，一位数和二位数都比较接近理论值，而一位数比二位数本身就多两个，也是必然会开出多些。长期统计的话，一位数开出的机会比二位数要高一些，是很正常的。

这就告诉了我们一个信息，以 2016100 期后面的 53 期总体来统计的话：一位数应会持续走热，而二位数可能会偏弱，但是差距不会太大。

2016101 期到 2016153 期，二位数的出号个数比一位数的出号个数少 3 个。二位数共出号 25 次，而一位数开出 28 次。在 2016 年最后 53 期中，虽然一位数比二位数多一些，但差距不大，若一位数还继续温和开出，而二位数还继续热出的话，那么位数的比例就和理论上相差越来越大，不大符合实际。所以我们认为在 2017 年将来的开奖中，应对一位数重点关注了。

实战：假如连续3期以上，开出二位数蓝号，那么下期就可把重点放在一位数上，也就是在01~09的范围内选择。这样的话，就相当于杀掉了10~16一共7个蓝号了，大大地缩小了选蓝范围。比如，在2017001期至2017005期共开出了3期一位数，2期二位数，符合一位数多于二位数的统计趋势。但是在2017007期至2017009期连续3期开出二位数，那么必然2017010期要多防范一位数，真实的结果是开出蓝球07，属于一位数，说明分析和预测是成功的。

这就是位数的思路，事实上位数分法和2区分法非常相似。2区分法中的1区包括01~08，而一位数分法包含01~09，所以一位数区号码只是比1区号码多一个09。同样，2区分法中的2区包括09~16，而二位数分法包含10~16，所以二位数只是比2区号码少一个09。研究2区分法的性质，就是研究位数分法的类似性质。

位数的思维和我们所说的几种区间分析法大同小异，虽然名称、分法不同，但是原理是一样的，都是把16个蓝号分成若干个区间，然后统计、分析、预测区间的走势，从而判断出区间的出号范围。

第5章 尾数

一、概念

所有的数字型彩票，其尾数都不离 0~9 这十个数字。在双色球的 16 个蓝号中，每一个蓝号的个位数，我们把它称为尾数。蓝尾数的研究方法也是双色球研究重要的参数之一。因为 16 个蓝号有 16 种选择，而把 16 个蓝号分成 0~9 十个尾数类型，就相当于把选 16 变成选 10，在一定的意义上，可以说是缩小了选号的范围。

二、尾数分类

16 个蓝号按照尾数分类，可以分为 10 类。尾 0 号码有 1 个，是 10；尾 1 号码有 2 个，分别是 01、11；依次类推……我们可以把 16 个蓝号按照尾数分类如下：

尾 0：10

尾 1：01、11

尾 2：02、12

尾 3：03、13

尾 4：04、14

尾 5：05、15

尾 6：06、16

尾 7：07

尾 8：08

尾 9：09

由上可见，除了尾 0、尾 7、尾 8、尾 9 共 4 个尾号包含 1 个号码之外，其余的 6 个尾数都包含 2 个号码。故在理论上，包含 2 个号码的尾数 1、2、3、4、5、6 就应该是我们重点关注的。

三、尾数分析

下面，我们就以尾号为研究对象，看看 2016 年前 100 期的尾号开出情况，把各个尾数对应的蓝号开出的次数、总和及均值全部统计出来，从而寻找各尾号的特点。

2016 年前 100 期蓝球尾数开出统计

尾数	尾 1		尾 2		尾 3		尾 4	
蓝号	01	11	02	12	03	13	04	14
次数	11	5	5	10	6	3	8	5
总计	16		15		9		13	
尾数	尾 5		尾 6		尾 7	尾 8	尾 9	尾 0
蓝号	05	15	06	16	07	08	09	10
次数	6	7	5	8	9	3	4	5
总计	13		13		9	3	4	5

由上可见，含2个号码的6个尾数1~6中：尾1的表现是最好的，它开出了16次，其中01开出11次；其次是尾2，合计是15次；最冷的当属尾3了，它总计才开出9次，而蓝号08和13同为最冷号，100期中才各开出3次。

含一个号码的4个尾数0、7、8、9中，表现最好的是号码07，竟然开出9次，位于全部蓝球号码的第三位；表现最差的就是号码08，只开出3次，是与蓝球13并列的大冷号。

有了上面的数据统计，我们就可以知道，在2016年余下的53期中，我们应该对热尾继续追踪，可以关注尾1和尾2的号码。

下面，就让我们来看看，2016年第101期至153期的蓝球具体出号是怎么样的。

2016年后53期蓝球尾数开出统计

尾数	尾1		尾2		尾3		尾4	
蓝号	01	11	02	12	03	13	04	14
次数	3	1	2	4	3	5	4	5
总计	4		6		8		9	
尾数	尾5		尾6		尾7	尾8	尾9	尾0
蓝号	05	15	06	16	07	08	09	10
次数	3	2	2	4	5	2	4	4
总计	5		6		5	2	4	4

在2016年开出的后53期里，蓝球07、13、14各开出5次，蓝球04、09、10、12、16各开出4次，尾4号码共开出9次，是所有的尾数中最热的，这出乎我们之前的意料。但是蓝尾3也出现了8次，是

第二热尾，表现比较好，尾 2 和尾 6 都开出了 6 次，是第三热尾，在温尾里，有了我们上述提及应该重点关注的尾号。尾 1 和尾 8，是冷尾，尾 1 属于由热转冷，而尾 8 一直是冷尾。

从这个角度来看，说明我们统计期用的还是比较少，所以在中短期内，尾号的冷热状态有望互相转换。但是在短期内较热的尾数号码容易开出。

实战：把近 20 期或者近 10 期的尾数走势，作图来观察，分析每一个尾数的走势，从而判断出下一期可能出现的尾数。这种方法简单又实用。一般来说，每期可以看好有 2～3 个尾数，蓝号就在 2～6 个号码的范围选择，这就相当于杀掉了绝大部分的蓝号，只要尾数正确，那么命中蓝号的概率是相当大的。

尾数分析方法，需要长期的实践和总结，如果把尾数分析再结合其他的综合指标一起来运用的话，那将更大地缩小选号范围，为技术型彩民增添强有力的技术分析参数。

第6章 遗漏

一、概念

和红号一样，所谓的遗漏是指某一个具体号码相邻两期所间隔的期数。比如001期开出蓝号08，002期蓝号08没有开出，下期（即将要开奖的这一期）是003期开出了08，则我们就把号码08的遗漏值定义为1；如果003期号码08还是没有开出的话，则08的遗漏值就是2；如果某个号码的遗漏为0，则说明该号码上期开出，而本期又继续开出。

理论上来说，16个蓝号，每个蓝号开出的周期应该是16期，也就是说，同一个蓝号，应该隔16期就出现一次。那么事实上是否如此呢？让我们来看看2016年前100期的蓝号平均遗漏和历史最大遗漏的基本统计情况（只是针对这100期的统计区域而言，不是所有的十几年来的历史最大遗漏）。

二、遗漏统计

2016 年前 100 期蓝球遗漏开出统计

蓝号	01	02	03	04	05	06	07	08
平均遗漏	9	20	16	12	16	20	11	33
最大遗漏	20	41	36	22	38	81	39	94
蓝号	09	10	11	12	13	14	15	16
平均遗漏	25	20	20	10	33	20	14	12
最大遗漏	46	42	37	22	48	55	28	32

由上表可知，2016 年前 100 期开出的 100 个蓝球号码中，每个蓝球遗漏值不是简单的 16 期。总遗漏值是 291，它们的平均遗漏是 18. 19。这说明还是距离 16 期不远的。我们按照每个蓝球的平均遗漏期由小到大排列起来。蓝球 01 平均遗漏为 9 期，位列最小最低位；蓝球 12 平均遗漏 10 期，位列最低最小平均值第二位，属于次小；蓝球 07 平均遗漏 11 期位于第三小的平均遗漏值。而蓝球 08 和 13 均是平均遗漏 33 期，并列居于最大平均遗漏的最高位，蓝球 09 平均遗漏 25 期居于平均遗漏第二高位，蓝球 02、06、10、11、14 平均遗漏都为 20 期，并列居于最大平均遗漏第三高位。相比较 2016 年前 100 期的冷热而言，小遗漏均值的蓝号恰恰是热号。

实战：由此我们可以通过统计一段时间的平均遗漏，并将平均遗漏值由小到大的顺序排列出来后，就可相对列出未来一个时段内可能走热开出的蓝球号码，它们是这个时段内平均遗漏值较小的蓝号。

另外，通过上表可以看出，最大遗漏与出号冷热关系并不大。如，蓝球 08 在 100 期里最大遗漏值是 94，而其平均遗漏值是 33，属于冷号；蓝球 13 平均遗漏值也是 33，也属于冷号，但是蓝球 13 的最大遗漏值只有 48。由此可见，最大遗漏值与冷热号没有直接的关系。在未来一段时间内拥有最大遗漏值的蓝球号码，也极可能是热号或温号。

实战：最大遗漏作为一个参考指标，只有当期蓝球的遗漏值超过了原有统计的最大遗漏值后，有经验的彩民会把蓝球追冷作为一个备选方法。

在日常的蓝球开奖中，我们发现一个特征：因为蓝球也是热者恒热，喜欢频繁开出，所以遗漏小于 7 的蓝号出现的次数都是最多的，特别是遗漏 0、1、2、3 的情况。为了方便研究，我们把遗漏值在 0~7 的称为小遗漏，而把遗漏值在 8~16 的称为中遗漏，把遗漏值大于 16 的称为大遗漏。

通过上述统计和历史分析数据，可以看到蓝号经常在小于平均遗漏值的时段就开出了。

通过遗漏选择蓝号的步骤：第一，考虑遗漏值小于 16 的号码；第二，按照热温冷的顺序确定；第三，若连续 3 期或以上开出遗漏值大于 16 的号码，就从下期开始必定要重点关注小于遗漏值 16 的号码。

如，从 2016007 期到 2016009 期连续 3 期开出大于 16 的遗漏值，则可以断定，从 2016010 期开始，遗漏小于 16 的遗漏号码肯定要开始表现。

期数	蓝球号码	蓝球遗漏
2016007	06	32
2016008	02	20
2016009	04	19

遗漏值小于16的蓝球号码要表现的话，就要重点关注近期开出的热号码，就可多关注近10期开出的号码：01、02、04、06、12、13、14、16，特别是01、06、12、14和16都有开出可能，而2016010期开出蓝号06，果然和预测一样。

我们把当期遗漏值小于16的蓝球号码再分：一种是遗漏小于8的号码，另一种是遗漏大于8而小于16的号。这样蓝号范围就更小了。这也是需要大家特别在使用遗漏值选号时，可以多加运用的。

总结：蓝球遗漏值的应用和判定，就是把选蓝的范围给缩小了。看好遗漏值小于8的号码，就选近期的热号，一般选5个号码左右；看好遗漏值大于8而小于16的号码，就选近期表现一般的温和号码；看好遗漏值大于16的号码，就选较冷号码。

遗漏分析法是最重要的分析方法，选取号码的准确与否，它所起的作用是最为关键的。

第7章 步长

一、概念

所谓的步长是指和上期开出蓝号的距离。比如上期开出08，本期开出10，那么步长就是+2；如果开出06，步长也是2（其实，步长如果细分的话，也可以分为正步长和负步长，比上期增加了，就记为正；反之，比上期减少了，步长就是负。比如，上期开出08，本期开出10，那么步长就是+2；如果开出06，步长就是-2。在这里，我们只取步长的绝对值，就是说不管正负号，只是考虑它的距离)。

由于蓝号开出的随机性，故步长的历史统计显得作用不是很大，就是说开出步长是多少都有可能的，但在一定程度上说，步长的统计还是有一定参考作用的。步长范围最低是0，最高不会超过15，就是说要在0~15选择。和上期开出同样的号码，步长就记为0，假如本期开出01，下期开出16，那么步长就是最大值15了。

二、步长统计

为了方便研究，我们可以把步长分为小步长、中步长、大步长三种类型。小步长是 0~3，中步长是 4~7，大步长就是 8~15。我们来看一下，2016 年前 100 期的蓝球步长开出情况。

2016 年前 100 期蓝球步长统计表

小步长	0	1	2	3				
次数	11	11	11	10				
总次数	43							
中步长	4	5	6	7				
次数	8	5	8	5				
总次数	26							
大步长	8	9	10	11	12	13	14	15
次数	3	4	3	9	3	4	2	3
总次数	31							

由上表可知，这 100 期里，0、1、2 三个步长开出的概率最高，都是 11 次，三者总和正好达到了总计次数 100 期的 1/3；其次是步长 3，开出 10 次，处于次席；大步长 11 开出 9 次，中步长 4 和 6 均开出 8 次；而步长 14 只开出 2 次。

实战：通过步长统计，告诉我们，下期出号概率最大的就是上期奖号的邻号或者附近号或者重号。比如上期开出 05，那么下期开出 05、04、03 或者 05、06、07 的概率是最高的。

如，2016096 期开出蓝球 16，接着 2016097 期开出蓝球 01，步长为不常见的 15。那么在接下来的开奖中，蓝球步长需要关注小步长。在 2016098 期开出蓝号 06，与 097 期比较得出的步长是 5，步长 5 属于中步长。因此，彩民朋友可进一步坚信，下期 2016099 期会开出小步长，结果 2016099 期开出蓝球 06，上下期的步长为 0，在 2016100

期开出蓝球04，上下期的步长为2。这说明连续多期大中步长后，小步长获得回补。这就是利用小步长捕捉蓝球奖号的好机会。

我们把上下期的步长都统计出来，做一个表，发现一个特征：大步长或者中步长开出一两期后，必然向小步长回归。这时就利用小步长易于推算附近蓝球的特点，捕捉下期蓝球。如果蓝球连续3期或4期开出大步长，那么下期一定要围捕小步长蓝球，也就是上期蓝球奖号附近的蓝球。

小步长技巧，若运用巧妙，由选16个变成选4个或者3个甚至2个，范围大大地缩小了，而且只要步长预测正确，干脆两个蓝号都选上，那样就算红号不中，至少也能够保本了。

第五部分

红蓝双色技巧篇

讲完了红球蓝球奖号的出号特征及指标分析，我们则开始论述如何运用特征和指标指导选择奖号。红球与蓝球的选号技巧就变成了一个个可以参考的具体操作的方案建议书。在此，我们想特别提醒，统计出特征，特征出指标，指标出方法。积极灵活地选择使用热号、热指标是最好的投注技巧与方法。

第1章 红球技巧集锦

技巧一：红球定胆三法

俗话说："选号容易定胆难。"我们先来谈谈适合大众彩民使用的红球定胆方法。

1. 重号定胆法

在历史奖号统计中，红球重号是必须考虑的一个特征，而从上期6个红球中确定一个号码，比从33个红球号码中确定一个号码要容易得多。所以，我们首先考虑从重号里定胆。如第2016104期开出红球05、09、11、18、30、31，在2016105期考虑重复1枚号码。我们就可尝试分析，具体的这6个号码中重复一个奖号。因为红球05已经连开3期，重复2期，可将05杀掉。我们首先考虑连号中的号码容易重复开出，就选择30和31作为备选。在2016097期和2016098期开奖中31重复过，属于近期的重复热号。所以我们可以考虑31为重复号的首选，作为胆码以供2016105期的投注使用。事实上，31果真在2016105期重复开出。这样，我们可以把连号和重复的号码作为重点定胆的对象。

2. 邻号定胆法

在实际开奖中，观察上下期，几乎每期都有上期的邻号开出，而三斜连其实是邻号的特殊现象。比如第 2016106 期开出 04、05、13、22、25、30，第 2016107 期开出 06、11、18、26、27、32，邻号开出 06、26 共 2 枚。而第 2016108 期开出 02、03、07、08、19、26，邻号又开出 07、19 共 2 枚，其中的 07 与上两期 06、05 组成一个三斜连号。

综观双色球走势图，可以发现，这样的邻号在下期出现的频率相当高。如果方便的话，我们可以将上下 2 期邻号标明，其实就是斜连 2 期的现象。而斜连 3 期也常见，斜连 4 期或者更多的情况也出现过。

邻号是重要的定胆方法，邻号中选热号、选三斜连都是一个胆码入手的捷径。

3. 隔期号定胆

隔期号通常指隔一期号码，比如我们在考虑第 2016100 期奖号的时候，可以从 2016098 期奖号中选号，其中 29 就开出，就是利用隔期号定胆的一个例子。

通过比较发现，当上期没有隔一期号码开出时，一般下期都会开出至少 1 枚隔一期号码。如 2016099 期开出的奖号中就没有隔一期号码，而 2016100 期就考虑隔一期的号码，就可从 2016098 期考虑，红球奖号 29 就是 1 枚隔一期的号码。当然，有的号码不是像常规的情况连续重复出现，而是先重复后，再隔一期再重复或隔两期重复。比如 2016093 期、2016094 期和 2016096 期、2016097 期奖号 06 就是连续两期重复之后，隔一期再出现继续重复的情况。

其他选胆技巧：多选热区号码为胆；还注意选择热数尾号为尾胆（热数尾号即近期表现特别突出的尾号）。

技巧二：定胆时讲究奇偶、大小均衡搭配

在选择胆码时需要考虑奇偶、大小的比例搭配，历史数据表明，奇偶和大小号码的开出一直是趋向较为平均的。因此，彩民在选择胆码的时候，要将前阶段内奇偶、大小的均衡出球作为重要的考虑因素。

2016070 期至 2016099 期共 30 期，红球奇偶比例为 87：93，偶数开出偏多。后期的开奖数据中，奇数回补趋势十分明显，2016100 期开奖号 03、10、22、23、27、29 共 4 个奇数；2016101 期开奖号 01、03、19、24、32、33 共 4 个奇数。选择胆码时可根据这个趋势，不可忽视奇数的强出。

大小比情况也是如此，若在 30 期（或 20 期）内，大小比呈现大强小弱，红球略微偏向于大数区，在后期则多关注小号码的强势开出，可重点考虑小数区内的号码。这是选胆时要多注意和考虑的搭配原则。

技巧三：巧用指标定拖码

拖码是根据走势分析和相关形态指标分析之后选择的多个配码组成的集合。

选择拖码需要对当期开奖号码中所具备的常用的指标形态进行分析。指标形态大致可以归纳为：号码奇偶比、大小比、质合比，以及连号散号比、尾数大小比等。

以质合比指标为例，分析拖码的范围。双色球红球中有质数 11 个，分别是：02、03、05、07、11、13、17、19、23、29、31，理论上每期质数开出个数为 6 个奖号的 1/3，即为 2 个。

但实际中，质数开出个数一般为 1～3 个。另外，从大小角度看：一般红球大小比多以 4∶2、3∶3、2∶4 形态出现。那么，质数也可分为大小两个集合，2、3、5、7、11、13 为一个小质数集合，17、19、23、29、31 为一个大质数集合。大小质数之间的号码可以组合开出，也可以交叉错落开出。比如，若确定大小比是 4∶2，如果小数集合中选择了 1 个小质数，那么大数集合就出现三种质数选择可能：不选质数、选一个质数、选两个质数。这样就可以将质数拖码从 11 个的集合中选择，缩小为 6 个小质数的集合选择及 5 个大质数的集合选择，从而有效地缩小了拖码的选择范围。其他分析也类似。

另外，也可从同尾号角度入手将质数再分成一个集合，即利用同尾码的原理将质数结合起来重新排列选取。如挑选 07，可考虑同位码 17，同理，挑选 03，可考虑 13 和 23，挑选 11，也可以同时考虑 31。实际操作中，关键是从上期或上几期的中奖号码确定 1 个质数后再推演其他的质数。

实战：拖码选择时，一般连续性号码比断裂性号码中奖率高，这是因为连续性号码的包容性要比断裂性号码高一些。

技巧四：寻找图形走势　轻松选号

将历史奖号制成号码走势图，可从中发现存在很多相同、相似的数码图形走势。有经验的彩民，通常把经常出现的图形作为参考样板，若当前的图形走势出现具有与历史样板相同的特征，就可以考虑采用样板图形确定号码，下面介绍几种较为常见的图形。

1. 对称图形选号

对称图形是最为常见的一种样式图形，它的特点是出现频次多，表现形式多样化。形成对称的奖号可能在一条直线上，也可能在一个图形里。例如，2016019 期、2016025 期、2016027 期、2016033 期分别开出红球 17，红球 17 以 2016026 期为轴，形成直线的对称图形开出。又如，2016095 期、2016098 期分别开出红球 32，间隔期为 2，随后在 2016101 期可以关注红球 32 的开出。事实上，2016101 期确实开出了红球 32，形成了间隔 2 期对称的图形。

实战：若发现某个号码当前的开出间隔与上次开出间隔相同或相近时，可考虑捕捉对称图形。

2. 等距斜连选号

斜连号在选号过程中一直得到彩民的重视，而在实际开奖中等距斜连号的开出频次并不比斜连号少。简单举个例子大家就能理解。如，2016096 期、2016098 期、2016100 期分别开出 06、08、10，开出规律为间隔 1 期递增 2；又如 2016112 期、2016114 期、2016116 期分别开出 12、16、20，开出规律为间隔 1 期递增 4。

实战：据此图形，可以根据相应的间隔规律，大胆设想可能出现等距斜连情况，选择间隔期的标准递增或者递减的号码。

3. 平行四边形选号

在双色球走势分布图中，平行四边形比较常见。例如，2016147～2016151 期，分别开出 04、11、04、11，构成平行四边形。这种平行四边形，号码开出间隔小，在 4 期内完成，容易判断。还有些平行四边形，号码开出有间隔，容易被彩民忽视，例如，2016131 期、2016132 期分别开出 18、27，2016135 期再次开出 18，已经间隔 3 期，但 2016136 期仍然开出 27，构成 18、27、18、27 的隔期平行四边形。这种隔期平行四边形不容易判断。另外，菱形或者长方形的图形走势也有，不过不如平行四边形常见罢了。

实战：平行四边形，无论隔期与否，经常在图表中勤练习勤勾画，就很快能判断出来，方便彩民选号。号码分布图中的图形还有很多，只要彩民发现它并把它当作样板，在图表中经常练习，就会对选号有极大帮助。

技巧五：运用 3D 技巧　选红球号码

运用 3D 技巧选择红球号码，主要是可以通过前三位、后三位奖号的尾号走势分别来确定。既可以定胆，也可以定奇偶形态，或其他 3D 形态模式，与看 3D 的技巧完全一样。

1. 定红球胆码

首先，我们可以看前三位奖号尾数的组选号码分布图，来挑选前三位奖号的尾数胆码，此时类似于挑选福彩 3D 的组选胆码。其次，我们可以分别考虑第一、二、三位奖号尾数分布图，来挑选特定位置的胆码，此时类似于挑选福彩 3D 的单选胆码。后三位奖号，我们也同样可以通过上述方法来挑选胆码。

必须指出的是：对前、后三位分别来说，相同的尾数，实际确定的胆码不同。因为前后位置不同，所以实际指向的同尾号的红球奖号是不同的。

2. 定奇偶比例组合

在双色球中，如果六个号码整体考虑，奇偶比例不太容易精确确定，而把奖号分成前后两个部分后，对前三位和后三位分别考虑，得出的奇偶比例则要精确得多。

对前、后三位的奇偶比例形态分别进行考察，无论是前三位，还是后三位，其奇偶比例组合形态与3D一样。从组选角度看只有4种：全奇、全偶、2奇1偶、2偶1奇；从单选角度看奇偶具体形态，也和3D一样，是偶偶偶、偶偶奇、奇奇奇等8种形态，我们可以通过判断前三位（或后三位）的奇偶形态，判断当期奖号的奇偶比和号码的搭配情况。

类似，嫁接3D的大小、质合单选分布表，也可较精确地确定双色球奖号的大小、质合。当然012路等特征也可以进行类似操作。

技巧六：掐龙头捉凤尾

龙头指的是双色球红球开奖号码按照从小到大顺序排列，最小的号码。凤尾指的是双色球红球开奖号码中最大的号码。确定龙头凤尾有多种方法。

一是趋势法，即按照近期龙头凤尾的开奖趋势来寻找本期的龙头和凤尾。龙头由小到大趋势，就是龙头近期每期逐渐地从01逐渐开大，经历了诸如03、04。如2016089期龙头是01，2016090期龙头为02，2016091期龙头为04，2016092期龙头为02，按照从小到大的趋势，我们自然在2016093期防范龙头为05、06或07，结果是06开出了。当然也有从大到小的顺序趋势判断法。凤尾的趋势法判断方式也类似。

二是首尾和判断法。通过统计首尾和，就是首位红球和第六位红球的和值，来判断龙头凤尾的具体奖号。首尾和通常开出30~36的可能性比较大。出现偏态后，一般要回归。比如，2016145期首尾和21，2016146期首尾和26，2016147期首尾和36。通过遗漏和冷热分析，我们判断2016148期的首尾和值应向31~34回归。若首尾和31，那么龙头凤尾组合判断为1和30，2和29，3和28。首尾和32、33、34也是如此类似判断。再根据前期的判断，如果2016148期龙头是

01，则凤尾必为30。这也是一个确定龙头凤尾的思路，并且从而确定了2个胆码。

三是历史数据统计法。统计法讲究，第一步，要统计出一段时间的龙头和凤尾统计数据。一般来说，可以看到龙头凤尾绝大部分在红球33个中的前5个和最后5个中开出。第二步选择龙头和凤尾，根据大小、奇偶、012路等特征，选出前5个号码和后5个号码中最符合心意的组合，精心购买。这样就减少了龙头和凤尾的选择范围。

实战：龙头凤尾结合，将龙头和凤尾同时出现的组合列出，可能有很多。但是利用大小、奇偶杀去其中最不可能出的数组，一般仅剩下不到10多注组合，甚至更少注数值得考虑。

技巧七：敲定红球尾数

双色球红球共有33个号码，按照自然数排列是01~33。尾数的概念就是只考虑这33个号码的个位数，忽略号码的十位数字。这样，33个号码就简化成了0~9这10组数字，它们统称为红球尾数。具体来讲，尾数1、2、3各含有4个号码，尾数4、5、6、7、8、9、0各含有3个号码。

当某一个尾数开出2枚或2枚以上奖号的时候，我们就说该尾数开出了同尾号。形态111111型表示6枚奖号分别属于6个不同的尾数，另外4个尾数轮空，没有开出。形态21111型表示某一个尾数开出2枚奖号，其他4个尾数各自开出1枚奖号，另外5个尾数轮空。形态如2211、222、3111、321、33、411、42等，以此类推。

尾号选号法有以下步骤可考虑：

第一，选择当期奖号的尾号形态。从历史开奖尾数统计看，开出频次较高形态是21111和111111。建议大家在利用尾号选号中，多考虑这两种形态。

第二，选择热尾和邻尾。通过上下期和多期的考察表明，尾号的开出也讲究热者恒热的特征，所以建议大家选择尾号中的热尾。另外，上期奖号尾号的邻尾也是容易跟随开出的，所以也要选择邻尾。

第三，杀掉冷尾，加以进一步深化。杀掉也就是排除。我们建议杀掉的是较冷或者过热的尾号。当尾号较冷或过热时，可考虑将其排除。一旦杀掉具体某一尾数时，也就意味着排除了 3 个或 4 个号码。另外，热尾或温尾开出时，一般只会开出同尾号中的 1 个或 2 个号码，这时也可从冷热号码的角度，杀掉同尾的冷号码。

技巧八：利用红球尾号关联选号

尾号关联选号，是指利用红球尾数号码相关联的现象来选择号码的方法。双色球红球有五组尾号关联组合最常见，它们分别是：1、4、7；2、5、8；3、6、9；4、7、0；1、5、9。

通过观察，我们发现下列现象，方便利用尾号关联来选择号码。

现象一，尾号关联之连续斜连走势，就是（小、中、大）三区的某一区域中相互关联的一组尾号连续三期分别开出的现象。

实战：当发现某区连续两期出现某一组关联尾号中的两个号码时，当期，该尾号关联组合中在本区的另一个号码应当重点防范！

现象二，尾号关联之间隔斜连走势，就是某个区域中相互关联的一组尾号分别间隔相同期数而分别开出的现象。例如红球先开出 01，间隔一期或两期后开出 05、09，由此，完成了“1、5、9”尾号关联组在小区的顺向间隔一期走势。常见的间隔期数有一期或两期、三期、四期甚至五期、六期。

实战：当发现某区（小、中、大）连续间隔相同期数而出现某一组关联尾号中的两个号码时，在未来间隔同样的期数后，该尾号关联组合中在本区的另一个号码也应重点考虑和防范！

现象三，尾号关联之呼应关联走势。这种走势，简单地可理解为在某区（小、中、大）某期（或连续两期）出现某组尾号关联组中的一码（或两码），然后在未来一期中呼应开出该关联组中在该区中的另两个或（一个）号码的走势。

实战：当看好某个具体号码时，要同时考虑该号码的尾号关联组在这一区中的其他两码！

实战需要特别指出的是，尾号关联组合选出的号码是在具体某个区域（小、中、大）内的关联号码。

技巧九：捕捉特征号的“扎堆、断区”

特征号指的是红球的同尾号、连号、重号、质数等指标的号码。在我们长期的观察中发现了特征号有“扎堆”和“断区”两个现象。根据扎堆和断区，我们可以据此发现一些选择特征号的踪迹。

特征一，可考虑连号是否“扎堆”。二连号、无连号常见，三连号少见。当连号或无连号“扎堆”时，可验证当期选号是否含连号，或无连号。如2016年015期至020期，032期至040期均出现连号“扎堆”现象，而2016021期至2016030期多呈现无连号状态。

特征二，可考虑同尾号（即个位位置数字相同的号码）是否“扎堆”。同尾号连续2期、3期开出较为常见，连续3期以上少见，且同尾号多开出2枚，3枚同尾号开出少见。如2016030期至2016040期有同尾号“扎堆”现象；第2016024期至2016029期多呈现无同尾号现象。

特征三，幸运数间隔组常“断区”。红码幸运数间隔6组实际就是33枚红球号码按照除6余数排列分成6组。在开奖中，幸运数间隔组常出现连续2期、3期“断区”（即未开出）。如2016年015期至017期第3组断区；第025期至027期第2组断区；第032期至

034 期第 1 组断区。因此，学会寻找幸运数间隔组断区有助于杀红球，缩小投注范围。

利用扎堆，我们就不停地追求某一特征一直出现，从而选择号码，而利用断区则可以考虑排除一些号码，从而缩小选号范围。

技巧十：巧用 012 路定位红球号

除 3 余数的 012 路分类是双色球红球的一种重要的分类方法。谈到具体运用，许多技术彩民都有自己的心得，我们就从定位角度来谈谈 012 路的除 3 余数使用方法。

角度一，定位时选择 012 路余数的热路。012 路也分热温冷 3 路。在观察中，我们发现，定位时的具体奖号经常是有一路号码不断地重复出现或者是隔一期或两期出现，这样，就造成了定位的 012 路热路、温路和冷路的区别。在实际操作中，定位中的热路不停开出，因此，定位结合 012 路是要多考虑热路号码。例如 2016093 期至 2016097 期红球第一位号开出奖号分别为 06、06、01、06、06，这其中 0 路号有 4 期，1 路号有 1 期。0 路就是这一阶段的第一位红球的热路。

角度二，定位时热路号重复期数有迹可循，方便选择。我们通过观察，定位热路重复时，一般都是两期或者三期重复，然后就跳跃到另外一路号码上。如 2016073 期至 2016080 期第一位开出奖号 09、06、01、07、01、02、01、01，路数分别为 0 路、0 路、1 路、1 路、1 路、2 路、1 路、1 路。通过这可以看到 0 路重复 2 期，1 路重复 3 期和 2 期，2 路只开出 1 期。所以，当热路重复两期或三期后，大家可以将热路先排除，隔一期后，再回头选择热路。

角度三，热路结合开出频次或者奇偶等指标确认具体号码。如 2016078 期开出冷路 2 路号码 02，则根据热路原则特征，需要在

2016079 期考虑 1 路号码，而具体号码则结合第一位置开出频次、奇偶等指标考虑。从频次上说，1 路号码在第一位置，01 是开出最多的。从奇偶上说，奇数在这一阶段占据优势，有可能奇数特征继续。所以，2016079 期第一位具体号码的确定，从 012 路结合频次、奇偶角度看，红球 01 是最合适的。事实果真如此。

其他位置的定位也是如此。另外，除了 012 路定位法外，具体每个位置的定位也可通过大小、奇偶、质合、尾号等指标结合进行确定，思路与 012 路方法类似，不再赘述。

技巧十一：红球 17 为胆的搭配平衡

理论上说，每个红球的出球概率都是一样的。但是在以红球 17 为中轴的四分区法中，中轴 17 若通过遗漏或者其他的选号方法，成为胆码时，就要考虑其左右两侧开出的红球奖号个数的搭配。

红球 17 为胆，其左、右两侧的奖号比例以 3：2 或 2：3 较为常见，其次左右两侧比是 1：4 或 4：1。

我们看 2016 年 002 期开奖的例子。2016001 期开出红球奖号 06、13、16、18、20、22，根据夹号，可以在 002 期选择红球 17 作为胆码，由于上期开出大小比为 3：3。为了均衡原则，红球 17 左右出号比自然在 2：3 或者 3：2，较为合适。结果，002 期开出红球 09、14、17、20、24、30，红球 17 成功开出。红球 17 的左右大小两侧比例是 3：2。1 区和 2 区共开出 2 枚红球奖号。这 2 枚奖号分布有三种情况：分别出现在 1 区和 2 区，同时出现在 1 区，同时出现在 2 区。事实上确实同时出现在热区 2 区内。这样就进一步确定了选号的范围。

若出现中轴 17 左右出号比为 1：4，则要在下次防红球 17 时，重点防其左右出号比为 4：1（反向回调）或 1：4（延续走势）。

技巧十二：红球断区中寻战机

彩民在选择双色球红号时，喜欢划分 01~11、12~22、23~33 三个区。而开奖号码经常会发生断区的情况。针对断区分析，彩民不必拘泥于三分区的局限，应着眼于观察间隔 10 码以上的普遍断区。

理论上分析，6 个红球如按等分中出，相邻两球之间的平均间隔为（33−6）/（6−1）= 5.4。中间任意一球挪位，则间隔变为 5.4×2+1 = 11.8。在双色球的 2016 年前 100 期开奖中，相邻两球间隔 10 及以上有 62 期，占 100 期开奖的 62%。这个数值大大超过以三分区断区统计（至少断 11 个号）的次数。

出现大间隔，意味着将奖号压缩在很小的空间内，就给我们提供了利用大间隔缩小选号范围的机会。

操作建议一：追踪多期出现的大间隔。通过观察发现，大间隔易于扎堆连续多期出现。若上期奖号发生大间隔情况时，则当期继续出现大间隔的可能性较大，这时是小范围捕捉奖号的较好机会。

操作建议二：利用轮动、重复等特征判断大间隔出现的区域。观察大间隔的出现变化周期。我们发现至少有两种情况可以操作。一种是轮动，即是 1 区的间隔依次转移为 2 区的间隔、3 区的间隔，称为轮动特征。另一种是重复，即上下期间隔一直停留在 1 区或者 2 区或者 3 区，没有出现区间转移。考虑轮动或重复特征，逐区排除每一区的奖号。当发现某一区极有可能是大间隔，无奖号开出时，就可以删除本区号码，然后再结合冷热分析等删除一些邻近的号码。这样就可以较为准确地预测和捕捉下期的双色球开奖号码了。

技巧十三：利用大间隔空当杀号

大间隔空当是中轴四分区断区挪位、变形夸大后的一种特殊表现形态。

相对于两红球平均相邻间隔 5.4 而言，间隔 15 已属大偏态。在此，我们定义：相邻两个红球的间隔至少要在 15 以上，才能称为大空隔空当。

据原有不完全历史统计，每次出现大间隔现象的间隔期数（遗漏值）约为 7.2 期。从历史数据中可以看出，平均每 8 期左右会产生 1 次。因此，在判断大空隔空当此种形态出现的时间上要多注意、留意 8 期左右的遗漏。

通过观察我们发现，有时一段时间的大间隔空当发生，总是按照由小号段到中号段，然后向大号段过渡，接着再慢慢从大到小逐渐过渡回来。这样的话，我们就方便利用大间隔空当选号和确定准确的位置空间了。

实战：确定大间隔空当的出现，可通过间隔期数及区域间隔位置的分析判断，大间隔空当会出现时机和具体区间，为在大范围上杀号提供方便，再加上运用其他方法，从而达到精确选择红球号码的目的。

如果，在中轴四分区断区分析的基础上，再作一个大间隔空当分析，两种方法配合使用，会取得更好的杀红效果，将使排除号码的工作事半功倍。

技巧十四：新旧号码定奖号

使用新旧号码时，是以前一期开奖前的 5 期为期数界定范围。前 5 期内没出现过的号，称之为新号。前 5 期内开出的中奖号，称之为旧号。

具体操作方法：

第一步，设定框限，找出新旧号。设定前 5 期的中奖号码作为一组。在后一期的中奖号码中，找出它们在前5期号中所占的具体号码。重复时，只保留一个即可。这样就知道每期都有新旧号码的个数。

第二步，统计新旧号比值。通过从每期开出的奖号中观察，每一期中奖号都是由新号与旧号组合而成的。连续把前5期中每一期的新旧号码个数比值都统计出来。

有了统计的比值数据，可知道，新旧数的个数会上下浮动。新旧比值数据也在不断地自我变化和调整。一般情况下，5期内未出的新数是8~12个。预测下期奖号旧新号比例应在4：2，即4个旧号2个新号。进行复式投注的最佳比例是6：3或7：3，即6个旧号3个新号或7个旧号3个新号。总之，未出现的新数越多，在下一期的奖号中出现的个量比值就越大，反之就越少了。

有了这些统计数据，具备了设定的条件，我们就可以在条件框限范围内，有目标地反复推敲，直到自己认为所选号码较为成熟为止。也可以再多设几种选号条件，来提高我们的中奖率。

技巧十五：寻找奖号中的恒值号

将双色球红区号码分成大小两个部分，01~16为小，17~33为大。最小号码01加上最大号码33的和为34，相对应的16加18的和也为34。依此类推，在33个号码中有16组这样的数字组合，分别为：01、33，02、32，03、31，04、30，05、29，06、28，07、27，08、26，09、25，10、24，11、23，12、22，13、21，14、20，15、19，16、18。由于每两个号码组合的和都是相同的34，所以称其为“恒值号”。

实战中，恒值号在开奖号码中有以下特征：

一是恒值号常出现。在双色球的历次开奖中，恒值号常会开出，常以一组或两组的不同形式出现。所以，选号时一定要注意相对应的一组共两枚恒值号。

二是恒值号可能有一枚重复开出，但较难同时出现。

三是出现较多的是 05、29 和 11、23 等恒值号。当这些恒值号出现时，下期中奖号码要注意大、中、小三区号都包含，且尽量不要考虑断区。

四是恒值号出现之后，在多期奖号中这对恒值号会一热一冷，经过交错反复后再次同时出现。

注意：不同的恒值号组合会有不同的后续表现，大家可加以对比和分析，以便找出一些细致的出号规律。当然，恒值号作为一种筛选号码的辅助参数，可以有效排除一些冷号。

技巧十六：定位排序选定红球

双色球 6 个红球号码按从小到大的顺序，进行逐一定位排列就形成了固定的定位排序。在定位排序确定红球方面，我们主要从统计历史数据开出频次和冷热角度分析。

结合历史数据，我们探讨红球 01～33 各号码在第一、第二、第三、第四、第五、第六各位置，理论上出现的注数和概率以及在实际 2016 年前 100 期开奖中出现的次数和概率。

第一位置上出现 01～09 的理论概率总和为 87.85%，实际发生的概率之和是 88%。该位置实际的热号为 01、03、02；实际的冷号为 08、05、07。

第二位置出现 03～15 理论概率总和为 83.88%，实际发生的概率之和是 85%。该位置实际的热号为 13、08、10；实际的冷号为 07、15、04、09。

第三位置出现 07～21 的理论概率总和为 83.26%，实际发生的概率之和是85%。该位置实际的热号为10、14、12、18；实际的冷号为09、20、21。

第四位置出现13~27的理论概率总和为83.26%，实际发生的概率之和是80%。该位置实际的热号为18、22、20；实际的冷号为13、27、16、21、24、25。

第五位置出现19~31的理论概率总和为83.88%，实际发生的概率之和是86%。该位置实际的热号为25、24、27；实际的冷号为28、29、31。

第六位置出现25~33的理论概率总和为87.85%，实际发生的概率之和是88%。该位置实际的热号为32、29、31、33；实际的冷号为25、28、27。

通过统计得知：第一点，6个红球号一般至少有3个以上的确定位置都落在上述的理论大概率范围内；第二点，我们既可以使用全部是每个位置的热号选择投注，又可以使用具体位置的冷热号互换的方法选择投注；第三点，我们可以在具体的位置上，选择热号作为胆码，结合其他的指标诸如奇偶、012路、尾号等方式确定胆拖投注。

技巧十七：结合软件使用精选与过滤功能

彩票软件在大量普及，人们在彩票选号中使用软件。实际上说穿了，软件就是人工智能替彩民设置精选和过滤条件，自动杀掉了不符合条件的号码。

1. 在软件中，常设的精选过滤条件如下

（1）奇偶数与大小数：在选择条件时，奇偶数和大小数一般是首先考虑的几个条件之一。在实际操作中，我们建议奇偶比和大小比都可考虑范围在2∶4，或者3∶3，或者4∶2。因为在统计中，这三种比例情况占据了历史开奖特征的8成。

（2）和值或者尾数和：和值是所有开奖号码数值之和，通过统计，我们看到双色球红球和值以102为中轴向两侧分布，和值区域一般设在距离102不远的范围，和值过低或者过高都不利于击中奖号。尾数和是开奖号码个位数值之和。如果尾数和数值较低，说明小尾号号码较多，如果尾数和数值较高，说明大尾号号码较多。一般尾数和设在20以上，40以下。

（3）质数：选择质数个数首选2个，其次是3个，第三选择1个。

（4）连号：在连号设置条件上，首选二连号，其次是无连号，第三才是三连号，而四连号或其他特征连号很少，就不建议多考虑。

（5）号码组：是指在一定数量的号码个数中确定出多少个号码。号码组在软件组号的过程中也起了很大作用，比如我们在分析号码时，有时发现某几个号码或一组号码中会出现1~2个或出现2~4个，这时我们就可以利用号码组的设定进行组合，将少出现的号码或者一组号码删除，从而达到减少号码组合数量的目的。在设置号码组时，既可只设置一组，也可设置若干组。

（6）具体位置号码形态：可以分为奇偶形态及大小形态，奇偶形态表示的是各个位置上号码是奇数还是偶数，通常用1和0来表示，1表示奇数，0表示偶数。大小形态表示的是各个位置上号码是大数还是小数，通常也用1和0来表示，1表示大数，0表示小数，号码形态的条件在彩票软件中将起到强力压缩的作用，同时如果使用不当，也会起到反作用。

（7）区段：是将所有的号码连续地分成若干个相等的段落，然后确定每一个段落的出球个数。我们通过号码段的设置，可以将相当多的无效组合排除掉，从而达到强力压缩的目的。同样我们也可以将号码以不相等个数的方式分成有限的段数，如1~7，8~19，20~26，27~33等。

（8）具体个位号码：个位号码表示的是每组号码里的包含具体的个位号码。它不同于我们平时所说的同尾数个数。具体个位号码反映的是0~9十个个位号码里哪些号码会出，而同尾数反映的是0~9十个个位号码中哪一个号码会出现两次。个位条件的选择会为我们减少至少一半以上的号码组合。

（9）位置指定号码：指的是指定号码或号码组出现在指定的位置上。比如，我们认定在第三个位置有可能会出12、15或16，我们就可以设定在第三的位置上出现在12、15、16中的任一个号码。

（10）另外还有余数、最大间距、最小间距、同尾比较形态等过滤条件，我们都可以适当使用。

2. 常设条件之间的前提限制

（1）质数个数不能大于奇数的个数。

（2）奇数个数和奇偶形态一定要匹配。

（3）连号与号码组也要注意匹配和兼容；遗漏与号码组也是同样的道理。

（4）位置指定号码与大数个数：当我们在某一个指定位置设定指定号码后，有时将直接影响到大数个数的选择。比如，我们在第四位置设定的号码为15，那么只有在第五和第六位置才有可能出现大数。所以在整个的号码组合中，每一组号码中最多只有两个大数。因为在第一、第二、第三的位置上不可能出现大于15的号码，而第五位置出现17以上，这组号码才能开出2个大数，因为16也属于小数。

（5）号码组的出球个数：若选择了多个号码组，每一个号码组的出球个数之和必须等于6；若选择的出球个数是模糊条件，那么它们的最小选择个数之和必须要小于6，它们和其中的任一最大选择个数要大于等于6。

（6）大数数量与和值：和值是各个号码的数值相加而成，所以大数的数量直接影响到和值大小。

3. 选择过滤条件的时机把握

（1）选择现象或趋势相当明显，把握比较大的一些条件，舍去一些趋势不明朗的条件。

（2）选择条件要有依据。依据，就是历次开奖号码的统计：如奇偶、大小、连号、质数、合数、区段出号的多少、号码的遗漏、个位出号个数，等等。可以利用软件中的趋势曲线、各种K线图寻找依据。

（3）确定条件值的时间：当对某种趋势的把握比较大时，可以适当选择一些精确条件，如奇数个数，大数个数，以及号码组里的出球个数等。但也要注意：不要轻易地选择精确条件，最好是选择模糊条件。但是如具体位置号码的奇偶形态、除法余数、位置指定号码、同位比较形态等要慎用，因为它们超强缩水，容易误杀，一旦杀错，后悔莫及。

技巧十八：红球杀号方法简介

在双色球选号中，如果用逆向思维，专门研究哪些范围的号码不会开出，也许会有意想不到的效果。排除号码，不断缩小选号范围，与挑选号码精确定位要达到的目标是一致的。我们就此简单介绍一些红球杀号方法。

1. 除3余数法杀号

双色球33个号码按照除3余数分类，可以均分成012路三类，每组各11个号码。这3类号码总是会有冷热的明显区分：在某个余数类型的号码热出时，可以追捧；在某个余数类型的号码冷藏时，可以大胆排除至少8个号码。

若有把握，每期至少可以从每组余数里面排除5个号码，这样下来，共是排除15个号码。若没有把握，则可每组余数里排除3个号码，相当于每期排除9个号码。

2. 利用断区杀号

对于双色球中轴四分区法而言，断区本来就是一个普遍现象。在双色球中轴四分区法中，1区（01~08）、2区（09~16）、3区（18~25）、4区（26~33）中，任意断一个区的可能性为16%。每次开奖时，1区至4区发生断区的可能性达到64%，也就是说，理论上每3次开奖就会有2次发生断区。

按照17定盘中轴，就可以对四分区断区进行精准判断，通过断区来杀号是非常高效的。

3. 利用尾数杀号

从双色球红球10个待选尾数中排除必不出的1个尾数，然后利用各种走势图表，再杀1~2个尾数。

还可以把双色球的6个红球奖号按照前三位、后三位来分别划分，前三位奖号对应2~3个尾数，后三位奖号对应2~3个尾数。前三位奖号一般在01~16这个范围内，后三位奖号一般在18~33这个范围内。前三位奖号对应的2~3个尾数中的最大数可以排除，比如看好尾数1，只需要选择01、11。

同样，在后三位奖号中，如果看好某个尾数，则可以排除该尾数的最小号码，比如在后三位看好尾数2，则选择22、32。

4. 利用大盘冷热趋势杀号

分析大盘冷热进行杀号，首先是要确定一个范围，比如奇偶、大小、区域，当期号码是奇数多还是偶数多，具体在哪个区域，该杀大号还是小号，在考虑以上问题时一旦出现矛盾，便根据走势把与近期趋势相左的号码杀掉。

5. 利用减法杀红球

利用上期开奖红球号码每两个号码相减的绝对值作为下一期开奖号码杀号的选择，或者也可以利用上两期顺序开奖号码一一对应相减的绝对值作为下一期开奖号码杀号的选择。这种方法虽好，但也会有0~2个号码错杀。

此外，还可以利用上期开奖号码减去本期蓝球的绝对值作为下一期开奖号码杀号的选择，杀错号码个数一般也在0~2个。

6. 利用十码空位杀号

十码空位是指一期奖号中相邻两球间隔10以上的情形，这是一个很实用的方法，能缩小选号范围，提高选号准确度。从全部红球的十码空位历史走势可以看出，十码空位的大小号方向的位移，以及前后上下期发生的遗漏间隔，都具有较强阶段特征的走势，利用这些特征走势可以顺利杀掉10个以上的号码。

7. 利用隔期号杀号

隔一期号码在双色球的开奖中也比较常见，大多数情况下，隔期号为1个，通过确定1个隔期号，可以把隔一期号码中的其他5个号码杀掉。同理，也可以去考察间隔数为两期的6个奖号，对间隔数为两期的号码，则可以排除5~6个，一般情况下，排除4个是没有风险的，也可以对间隔数为三期、四期的号码进行排除，这样几层排除后，杀号的数量非常可观。

8. 利用质数杀号

质数出号一般为2个，每期可考虑4个质数备选，把剩余的7个都当成排除号。

9. 利用空行空列杀号

将双色球号码分为6行6列，只要判断出哪一行或哪一列出现空缺，便可将33选6简化为27选6，然后结合历史行列伴侣出号的习惯及近期的开奖情况进行再次分析。

如果实战中，我们发现2行2列、2行1列或2列1行、3行2列或3列2行出现空缺的情况占有极高的概率，便可杀掉双色球红球110万注中近半数的号码组合，选号的范围大大缩小。

10. 利用前五期综合杀号

综合前5期的号码，一般可以获得20~30个号码作为备选号码，但是绝大多数都可以列入杀号的范围，尤其是在前5期出现过两次以上的号码。注意：在前5期曾经出现过的连号不要轻易杀掉。

当然排除号码的方法还有很多，有兴趣的彩民可以根据自己的心得来杀号。

技巧十九：加减法杀红法具体操作一览

一是利用上期开奖红球号码每两个号码相减的绝对值作为下一期开奖号码杀号的选择。此方法杀错号码个数一般在0~2个，但也有例外。所以此方法要灵活运用。

二是利用上两期顺序开奖号码一一对应相减的绝对值作为下一期的开奖号码杀号的选择。此方法杀错号码个数一般在 0~2 个。

三是利用上期开奖红球号码减去上期蓝球的绝对值作为下一期的开奖号码杀号的选择。此方法杀错号码个数一般在 0~2 个。

四是利用上期开奖号码减去上期 AC 值的绝对值作为下一期的开奖号码杀号的选择。注意：如果差值相减为负数的话必须加上 33。另外用本期 AC 值杀下一期尾数也是一种杀号选择。

五是利用上期开奖号码减去上期和值的拆分合值作为下一期的开奖号码杀号的选择。注意：如果差值相减为负数的话必须加上 33。此方法杀错号码个数一般在 0~2 个。

六是利用上期开奖号码减去上期尾数和值的拆分合值作为下一期的开奖号码杀号的选择。注意：如果差值相减为负数的话必须加上 33。此方法杀错号码个数一般在 0~2 个。

更多的加减法杀红方法总结如下：

（1）杀上期开奖顺序第一位红；

（2）杀上期开奖顺序第三位红；

（3）杀红球 AC 值乘 2；

（4）杀 23-上期蓝；

（5）杀 39-上期开奖顺序第五位红；

（6）杀第 3 位加第 4 位的和值；

（7）杀出球顺序的第一位加第二位加第五位；

（8）杀上期和值个位；

（9）杀前三期第一位红码（按从小到大排列）相加；

（10）杀上两期蓝球的和值；

（11）杀红球 AC 值+10；

（12）杀上期第二红+第三红；

（13）杀上期第二红+第四红。

所有加减法红球杀号，都要注意使用中灵活变化。这些方法，供大家参考。大家可以在实战中慢慢验证上述方法的准确率。

技巧二十：击中二等奖的投注总结

1注双色球彩票，不论蓝球是否选中，只要选中6个红球号码，即中得双色球二等奖，且奖金较为可观。下面介绍一种击中6个红球的选号方法，供彩民参考。

第一步，观察近期的红球出球分布趋势。建议大家观察最近30期开奖结果走势图，可以看出多数呈现号码集中或离散，或靠前，或靠后等分布特征。

第二步，确定排除空格距离范围。红球出球个数没有定式可循，只有靠固定排除长距离空格方法，结合相对成熟的选号技巧，守候6个红色球号码的同时出现。小资金法：采用先前、中、后三区分别固定排除连续3格空格，再行继续排除某个区1~2格的空格，比较适合尝试性小金额投注。软件法：采用某个区固定排除8格或8格以上空格，加上排除其他2个区上期开奖号码或者自己固定要排除的几个空格，比较适合复式软件工具组合投注。防冷法：长距离排除10个以上空格，等待奇迹出现。

第三步，预估出球号码特点。若要准确排除空格，必须预计未来一期出球号码的走势特征：如果预计盘面以同尾号为主，则要排除的空格连续距离不能超过4格；如果预计盘面以连号球为主，则要排除的某个区的空格连续距离可以选择6格以上；如果预计盘面以斜连号为主，则要排除的空格可以选择它的左右几格；如果预计盘面以重复号码为主，则要排除的空格，选择距离上期6个号码的旁边几格。

技巧二十一：五步拣号确定单式票

双色球可以用胆拖法、复式法等方法进行投注，长时间使用包号投注，金额相对较大，对工薪族来说不太现实，而采用“拣号法”的单式投注效果不错，现介绍如下。

第一步：剔除双色球历史号码。对红区最近 5 期号码进行统计，凡出现过的双色球号码予以剔除，将剩余 20 个左右红球作为本次投注双色球的被选号码。

第二步：圈定重点号区。对上述 20 个红球进行走势图分析，看哪个区间存在较大断区，也就是红球在哪个区间出号较少，把该区间作为重点号区，一般在 6 个红球中选择 3 个，且要在该区间选择一个边缘号。

第三步：跟踪上期号码。余下的 3 个双色球红球选择要以上期号码为参照，找到重复号或热号，并将此号作为坐标，采用加减关系，确定 1~2 个红球。这样我们已经确定了 4~5 个红球。

第四步：必须选择大号。在 28~33 号码中一定要选择 1 个，如果在上述三步中已经选择了大号，如号码 31，那么，对还未确定的 1~2 个双色球红球我们可以在中间区域选择，如在 14~18 中进行选择。

第五步：双色球蓝号把握区间。对双色球蓝号的选择应该相对简单，因为我们从统计中可以发现，双色球蓝码重复最近 5 期的可能性很小，所以我们基本可以在 10 个号码中选择 1 个。还要把握一点，蓝码出号的分布形状是蛇形排列，即上期如果在小号区 01~05 间出现，那么，本期摇奖号码肯定不会在该区间停留，向中号区 07~10 偏移的可能性很大，向大号区 11~16 跳跃的倾向也存在。使用此法投注蓝球，命中率可能会高些。

第2章 蓝球技巧集锦

技巧一：大小奇偶定蓝球

从大小的角度来考虑，蓝球可以分为 8 个小数和 8 个大数，8 个小数蓝球是 01~08，8 个大数蓝球是 09~16。

结合大小图表，若我们发现一个阶段内大小特征如下：一期大号一期小号，轮流开出比较普遍；大号连续不超过 2 期，小号连续不超过 3 期。若近期连续开出 2 期小号，则判断：下期有望开出大号。

从奇偶的角度来考虑，16 个蓝球可均分为 8 个奇数号码和 8 个偶数号码，8 个奇数号码分别是 01、03、05、07、09、11、13、15，8 个偶数号码分别是 02、04、06、08、10、12、14、16。我们也可以从号码的奇偶特性上，作一个二元的判断，来缩小选号范围。结合奇偶图表，若我们发现一个阶段内奇偶特征如下：奇偶转化不如大小转化频繁，出现连续奇数或者连续偶数的现象；奇数近期最多连续出 4 期；偶数最多连续出 2 期。奇-奇连续出现 2 次。

下期蓝球该出奇数还是偶数？因为奇数可能开出 4 期，则判断：本期仍有望开出奇数号码。

我们在上述基础上，对大小和奇偶进行两两组合，这样 16 个蓝球就变成了四种特征：小奇数、小偶数、大奇数、大偶数。我们可以对照期号和奖号，作一个大小奇偶的走势图，通过观察图上号码的变化和走势，来判断蓝球将会开出哪一类特征。结合上述例子，我们可以判断开出大奇数的概率比较大。大奇数就是 09、11、13、15 共 4 枚蓝球。这样，范围就缩小了很多。

实战判断：一是若某一个特征连续热出或者长时间遗漏不出，我们都可以考虑反向调整判断；二是利用大小奇偶图形规则来考虑走势。

在大小奇偶分布图上，蓝球一般容易形成三种走势：第一种是重复走势，即号码在某一个特征连续出现；第二种是斜连走势，即号码沿着某一个方向从一个特征传递到相邻特征；第三种是对称走势，即号码按照自身的格式或者对称轴线，周期性出现。

技巧二：三区间再精化

从三区间的角度来考虑，16 个蓝球号码可以分为 01~05、06~10、11~16 三个区间，分别称为 A 区、B 区、C 区。我们也可以从号码的三区特性上，作一个判断，来缩小选号范围。观察三区间走势图，我们发现一段时间内三区间特征如下：各区间最多连续出 2 期；C 区（第三区）遗漏最多 5 期，A 区和 B 区遗漏 2 期或 3 期就开出；ABC 三区轮流转化一次后，一般不再延续转化走势。

我们可以通过三元判断，缩小蓝球范围。而我们可以在此基础上，对大小、奇偶和三区进行三三组合，这样 16 个蓝球就变成了八种特征：一区小奇数、一区小偶数、二区小奇数、二区小偶数、二区大奇数、二区大偶数、三区大奇数、三区大偶数。我们可以对照走势图表中的期号和奖号，观察奇偶大小（三区）的走势图，通过大小奇偶（三区）的变化和走势，来判断蓝球将会开出哪一类特征，再从符合该特征的4个（或3个）号码中进行筛选，不断压缩，层层剥笋，这样相比一次从16个号码里进行挑选，精准度要高得多。

如刚才我们提交判断下期开出大奇数球时，再加上大奇数只能在二区和三区中开出；而三区，刚完成一次三区转化，所以大奇数只可能在二区产生；既是二区号又是大号码就只有09、10两枚，而大奇数只有09。结果开出的就是蓝球09。

技巧三：蓝球四幻图方法概述

蓝球行列图			
13	09	05	01
14	10	06	02
15	11	07	03
16	12	08	04

蓝球四幻图			
04	09	05	16
14	07	11	02
15	06	10	03
01	12	08	13

蓝球四幻图就是蓝球行列图的变形，即沿对角线，对换位置，对角线上的号码都对调，不在对角线上的号码不动。

为方便彩民了解使用此种选蓝方法，特将“四幻图选蓝”使用方法简要介绍：

一是当上期蓝球开出此图中心号（07、11、06、10）时，则下期蓝球可从其上、下、左、右4个号码中选取。

二是当上期蓝球开出边号（上09、05，下12、08，左14、15，右02、03）时，则下期蓝球号可从其隔行、隔列的号中选取。

三是当上期蓝球开出角号（04、16、01、13）时，则下期蓝球号可从其最相近的3个号中选取。

四是前2期的蓝球如在一条对角线上开出，则可继续在该线上开出。如走势太强，应考虑延伸前的折返、停顿（延续、停顿2~4期）。对角线是“四幻图”的灵魂，须重点防守。

五是单个10走势。16选1暗含十六进制，故在选蓝中遇到上期蓝球为10（暗含十进制）时，除选上下左右号外，还要防02（暗含二进制）、12（暗含十二进制），且此两个号码正是以10为中心的对角线号（02、10、12）。

技巧四：认识蓝码方阵

蓝码方阵游戏表是从证券、期货等投资产品江恩螺旋曲线分析技术派生出来的产物。所以，大家仔细看蓝码方阵游戏表，就会发现，这是从中心01为开始，由小向大以逆时针螺旋曲线形式向外拓展的一种表（见下表）。

蓝球方阵

07	06	05	16
08	01	04	15
09	02	03	14
10	11	12	13

具体使用方法有两种，一个是按照逆时针螺旋方向寻找下期的奖号，并且按照特有的单位步长来计算和推算下期的蓝码奖号。关键在于踏准前几期出号的节奏，有时是由小向大，逐步推进；有时是由大向小，逐步缩小；还有时是由大到小后，又折回大数。

另一个是将螺旋曲线分成四个区域，01~04为中心号区域，07、

10、13、16 为顶角号码区域，08、09、14、15 为左右边号区域，05、06、11、12 为上下边号区域。这四个区域划分后，再结合冷热、遗漏、对照对称等关系，找到下期蓝码。

实战：蓝球无论行列图、四幻图、方阵表都有这样一个特点，就是在同一行或者同一列连续开出三四期后，就可以考虑杀掉这一行或一列，这样也缩减了选号范围。特别需要指出的是，冷号在行列图、四幻图、方阵表中即使是位于热行热列，而冷号也不会开出。

技巧五：蓝球重复确定

通过历史统计，蓝球发生重号的概率也在 16 期左右。当 13 期或者 14 期以上蓝球没有发生重复号码时，选择上期蓝码奖号可能就是比较正确的选择。

而许多彩民在选择蓝球时，首先是排除上期蓝球号，已经成为彩民选择蓝码的思维定式，这似乎也成为蓝球重复时头奖难以中出最好的解释。因此，在多期蓝球没有发生重复时，一定要把蓝球重复考虑进去。

技巧六：关注蓝号 012 路转换

蓝球除 3 余数形成蓝球 012 路分类。通过历史统计，除 3 余数 012 路出现重复和轮动效应两种。重复就是在同一路反复开出，或者跳到另一路后，继续重复开出。而轮动，则指的是在三期中，分别开出 012 路三个不同路数的号码。在统计中我们发现，012 路先后轮动开出后，一般不会再重复轮动开出，此时就是杀掉一路，选择另外两路，缩小范围的好机会。

技巧七：五期测蓝法

双色球玩法中，您可以通过五期开出的蓝号来预测下期开奖号码，可进一步缩小选号范围，而且简单易行。

它的操作过程是：首先计算出前五期蓝号的平均值，然后再把平均值加减4，处理后得到一个取值范围，这个就是下期蓝号的选号范围。

例：2016001~2016005期这5期的蓝号分别为13、16、01、12、14，求2016006期蓝号可能出现的范围。首先计算出5期蓝号的平均值：11.2，取其整数部分，再计算其选号范围：11-4=7，11+4=15，那么其选号范围为7~15。2016006期开出的蓝号为12，在其范围之内。

当然，运用这种方法时，要注意分析蓝号的奖号分布的对称和互补。选定选号范围后，注意若前4期蓝号连续走小，有可能接下来就出现趋势反转，即互补或对称，即对称的那个大数或者小数。

技巧八：快速定位双色球蓝球

快速定位蓝球使用到的是除5余数分类。蓝球用5去除得出5个余数分类，余0号（05、15、10）；余1号（01、11、06、16）；余2号（02、12、07）；余3号（03、13、08）；余4号（04、14、09）。

具体操作：一是列出前三期蓝球和前三期蓝球的除5余数同路号；二是所有号码上期出号遗漏值越大（以10为周期），下期取遗漏值时倾向小的号码选择，即选择热号、热特征；三是若连续三期小数多，则下期应取大数，反之，也是如此。如2016042期至2016044期蓝球是09、12、01，这三个号码的同路余数（04、14、09、02、12、07、01、11、06、16）排除，则剩下6个号码03、05、08、10、13、

15 作为备选；在这三期中，大号有两期，则本期应选择小号，就剩下 03、05、08 三个蓝球；前几期遗漏值都偏大，本期应选择遗漏值小的号码，而 05、08 的遗漏值都偏大，03 的遗漏值为 4 期，所以选 03。果真 2016045 期开出蓝球 03。

技巧九：蓝球三特征应予重视

双色球蓝球也与其他红球奖号一样有如下特征：奖号的聚集性、发散性和惯性等。具体讲，聚集性是指相邻期次之间的蓝球数字相减之差的绝对值小于或等于 2 时所发生的情况有时持续性开出。实战：当聚集性出现时，若选择当期蓝球，可在前次蓝球奖号数字的基础上采取加减 1（或 2）的办法。

发散性是指相邻期次之间的蓝码数字相减之差（绝对值）在 7 以上，蓝球前后表现振动幅度较大，与集聚特征正好对立。实战：当近期蓝球出现“发散”时，对下期蓝码预测的最有效办法就是大胆地“发散出去”。

惯性特征则是针对集聚特征而言的，当前后奖号出现重码即集聚差值（绝对值）为 0 时，一般就用惯性特征来描述蓝码的走势。在紧邻集聚特征之后，最常见的莫过于惯性特征了，有人曾诙谐地称惯性奖号为“谢幕码”，其意在提醒大家。实战：蓝码在特定区域多期集聚之后，当人们视线开始转移时，应对“谢幕码”的回头开出予以重视。

技巧十：蓝球“摆幅选胆”

将所有蓝球号码按顺序围成一个圆圈，16 和 01 相连，使各个蓝号之间形成首尾不间断连接，以构成蓝号模型的圈式格局，蓝号模型内的各个奖号以独立元素存在而无大小之分。基于上述，对摆幅选胆的要求是：以某期蓝号为参照点，后期蓝码与该参照点在圈式格局内所构成的最小圈段就是摆幅。显然，摆幅最大值为 8，而当前后两期蓝码叠连时其摆幅则变为 0。通过统计得知，所有摆幅中，需要对摆幅 1 和摆幅 2 及摆幅 3 等小摆幅多加关注。

技巧十一：倍投选蓝的策略选择

蓝球倍投操作的策略是：第一，平时不倍投，看准就大胆倍投，绝不放过自己看好的每一次机会；第二，摒弃习惯性思维。

彩民投注蓝球时，可能无意识地多选择 02、04、06、08、10 等号码。因为这些号码对应着“好事成双、四季发财、六六大顺、恭喜发财、十全十美”等美好寓意，这些美好寓意正是大部分人潜意识里暗藏的，因此这些号码往往也是投注时首选的蓝球号码。彩民购买彩票时，一定要避开潜意识中习惯思维的蓝球号码，多从遗漏、冷热、奇偶等指标角度确定蓝球号码，展开倍投。

技巧十二：蓝球包号事项

一是蓝球包号对象的选择。参考以往投注经验，可把开出奖号中的热号和温号作为近期的包号目标。

二是包号时机掌控。如以连续 16 期为观察周期可算出，热号的中奖次数为不小于 3，温号的中奖次数为 1~2 次，冷号的中奖次数为 0。根据历史统计，当相关号码的间歇值进入热温冷号码的出球敏感转换期时，彩民可考虑包号操作。

三是包号资金运作管理。按照累计期数、当期包一个蓝色号码球投注金额、累计投注额、预收奖金额、统利润额的顺序能够求出买家的资金需用量。例如，第 2016050 期买 1 注、花 2 元钱、累计花了 2 元、预收资金 5 元、纯利润 3 元；第 2016051 期买 1 注、花 2 元钱、累计花了4元、预收资金5元，纯利润1元；第2016046期买了2注、花了4元，累计花了8元、预收奖金10元，纯利润2元；而包号的周期一般为16期以内。

技巧十三：通过振幅判断蓝球走势

双色球蓝球振幅是指本期与上期双色球蓝球之差的绝对值，也称上下期蓝球号码距离。通过这个参数可以推断双色球蓝号的出现轨迹或排除部分蓝号，属于动态观察蓝号变化的方法之一。

通过历史统计，我们发现双色球蓝球振幅分析较多的是4以下的振幅。与之相关的是振幅遗漏值较大的也恰恰是较大的振幅。所以通过振幅，可选择小振幅和热振幅，从这两个角度判断蓝球走势。

技巧十四：多角度选择蓝球号码

首先，大小分类角度。使用大小角度分析选择蓝球时，多关注：大号（或小号）的连续开出的频次、间隔特点及跳转特点。

其次，奇偶分类角度。特点是：蓝球16个号码奇偶数正好相等。一般来说，奇数连续开出次数值得关注，奇数间隔及跳转。

还有区间分类、除3余数分类、质合分类、遗漏、除4余数分类也需要关注连续开出次数及间隔特点与跳转。

此外，上下期蓝球关系、上下期红球尾数与本期蓝球尾数关系、本期期号尾数与本期蓝球关系，则相对较少研究一些。

说穿了，多角度分析选择蓝球，还是一个开出频次和特征指标冷热的选择和排除使用方法而已。

技巧十五：寻找蓝球与红球的关系

通过观察，彩研团队注意到，其实开出的6个红色球号码与1个蓝色球号码有一定的关系。蓝色球与红色球共有六大特点值得关注，具体分析如下。

一是红蓝同一号。在同一期中，蓝色球号与某个红色球号是同一个号码。

二是蓝球重红号。开出的蓝色球号码是上期某一个红色球号的重复号。

三是红蓝二连号。在同一期中，蓝球奖号与红球奖号形成的连号现象，为一组双色二连号。

四是红蓝同尾号。蓝球号码是某个红色球号码的同尾号球。在判断红球号码是否有同尾号时，可同时防蓝球号码与红球号码形成的同尾号。

五是蓝球重号。蓝球直接重复上期的蓝球。

六是蓝球孤独号。除了上述五个特点外，还有一种无依无靠，无任何特征联系的孤独号现象。

上述六种特点中，特点三较为普遍，值得重点关注。当选好了红球后，蓝色球就可根据六大特点进行待定分析，这样才能更靠近开奖号码。

技巧十六：减4加4测蓝法

所谓“减4加4测蓝号”就是用相邻两期蓝球号相减，将得数的前4个和后4个作为下期蓝球出球的范围，这个方法可以将16个蓝球缩减为8个，然后再确定下期出球的奇或偶，这样又将蓝球缩小到4个。特别指出：相减出现负值时，从蓝球01算起。此方法非常简单、明了，可轻松锁定蓝球号，准确率较高。

当然，随着开奖次数的增多，其特点也会改变，因此希望大家在实战中掌握和分析奖号特点的变化，及时应对改变思路和对策。

技巧十七：四则运算杀蓝法

四则运算杀蓝法实际是用期号加减乘除得出的号码，作为蓝球杀号的依据。这个方法有时候还很实用，在这里列出具体的方法，供读者参考。

方法一：上期摇奖期号乘15加上期第2位开奖号码再加8，除16余数；

方法二：上期第3位开奖号码乘16加上期第1位开奖号码再加3，除10余数；

方法三：上期第2位开奖号码乘11减摇奖期号再加2，除11余数；

方法四：上期摇奖期号乘11加上期第3位开奖号码再加1，除16余数；

方法五：上期摇奖期号乘12加上期第4位开奖号码再加7，除15余数；

方法六：上期摇奖期号乘13加上期第4位开奖号码再加9，除16余数；

方法七：上期摇奖期号乘13加上期第5位开奖号码再加11，除16余数；

方法八：上期摇奖期号乘8加上期第6位开奖号码再加1，除16余数。

四则运算杀蓝共八法，上述不同方法可能杀掉同一个号码，这种情况不是方法的错误。另外，随着双色球开奖次数增加，杀蓝八法也有一定的局限性，准确率也有不太稳定的时候。

技巧十八：其他杀蓝方法简介

1. 方法一：期号加减杀蓝法

即采用上期开出的中奖号码以及期号、开奖日期和本期的期号、开奖日期作为标准参考系，来预测本期的蓝球号，轻松排除 10 个或以上号码，缩小选号范围。这种方法全部使用的是数字，因此称之为数字排号法。共 14 种方法，供大家参考。

（1）上期蓝球号码加 6 的尾数 = 排除本期蓝号尾数。相加和大于 16 的要减 16。

（2）上期蓝球号码加 10 与减 10 所得的尾数的绝对值 = 排除本期蓝号尾数。大于 16 减 16。

（3）上期蓝球号码减 7 的绝对值尾数 = 排除本期蓝号尾数。大于 16 减 16。

（4）上期期号加上期开奖日期（不含月份）的和除以 16 = 排除本期蓝色球号码。

（5）本期加本期开奖日期（不含月份）的和除以 16 = 排除本期蓝色球号码。

（6）开奖当月月份可当作排除一码。

（7）上期期号个位加 1 的尾数 = 排除本期蓝球尾数。

（8）上两期蓝球之和 = 排除本期一码。大于 16 减 16。

（9）本期期号十位加个位的和 = 排除本期一码。

（10）上期红球第 1 位号码加 3 = 排除本期一个蓝号。

（11）上期红球第 6 位减去第 1 位的差所属的生肖排除本期蓝色球号码。数值大于 12 时，减 12 后，算出生肖。

（12）上期红球第 1 位号码对应的生肖码，本期一般不出，可排除。

（13）上期红球第 2 位号码减 1 = 排除本期蓝球一码，大于 16 减 16。

（14）上期红球第 2 位号码减去红球第 1 位号码的差 = 排除本期蓝球一码。

以上 14 种方法简单实用，层层剔除，剩下的号码就是待选的蓝球号码。

2. 方法二：奖号加减杀蓝法

奖号加减杀蓝法，也很简单，而且更容易操作。这里共列举了 5 种奖号加减杀蓝法，供大家验证使用。

（1）上期红球第三位号码与红球第四位号码相减取绝对值加上期蓝球，下期蓝球不会开出此码。若大于 16，再减去 16。

（2）上期蓝球个位和十位互换位置，大于 16 减去 16。下期蓝球不会开出此码。此法准确率极高。

（3）上上期蓝球除 3 取余加上期蓝球，下期蓝球不会开出此码。如果蓝球除 3 取余为 0，比如 03 除 3 取余为 0，这种情况加上 3 使用。

（4）上期红球第四位号码十位和个位相乘，如果任意一位是 0 则乘积为 0，用所取乘积加 3，下期蓝球不会开出此码。

（5）上两期蓝球的尾数相加相减，所得值左右各取 3 位，不在此值范围内的同尾球杀掉。

上述介绍的这些杀法基本上可把杀号控制在 8 个左右，运用得好的话，还可能变为 4 选 1，大大降低了蓝号的选号难度。

技巧十九：杀蓝法与其他指标结合运用

使用杀蓝法，可以杀掉8个左右的蓝球号码，因此我们如果杀掉了8个号码左右，剩下的号码再运用蓝球大小、奇偶、行列图、四幻图、方阵表、三区表等指标，就可以将蓝球号码的选择范围进一步缩小，从而更轻松准确地擒获蓝球。在实战中，许多彩民将杀蓝与其他选号指标结合使用都有不错的战绩。

第3章 红蓝技巧外篇

双色球投注及中奖是多方面的集合，技巧也罢，心态也罢，运气也罢，都离不开彩民理性的投注。在此，我们建议彩民朋友，在不影响自己原有生活的前提下购买和投注彩票。彩票本身就是一种带有消遣娱乐功能的游戏。所以，平常心看待每一次开奖和投注，说不定会给自己带来好运气。我们奉献给大家最后的五步真言，博取大家一笑。

静观。双色球因奖号多、选号搭配复杂，投注方式多样、阶段性资金投入讲究计划步骤等，都需要通盘考虑，保持理性，冷静选择。

剖析。博取大奖，就需要充分拓展信息渠道，调动大脑中储备的彩票知识，对红蓝区号码出号情况熟记于心，并注重对彩票的所有信息进行合理剖析，达到自己最满意的程度，选出最钟情的号码组合。

变化。诚然，守株待兔，是一种方法。但是，事物不停变化，彩票号码组合更是变幻莫测，以“不变”应“万变”，中奖概率太小。彩民要善于分析奖号，不停地从不同角度、不同方向去捕捉瞬息万变的号码信息。

舍弃。从长期看，中奖号码的分布大致相同，没有偏热或偏冷的现象，但是在一定时期内，个别号码或出号区域会出现偏热或偏冷。此时，彩民要敢于舍弃偏冷、无把握的号码。

翻新。有的彩民会选 1~2 枚重号作为胆球，再配上新的号码，组合成胆拖投注。有的彩民把间隔一定期数的某几期中奖号码拆解、重新组合，形成新的投注号码。

附　录

双色球中奖号码分布图表

期号	红球奖号分布																																
	01	02	03	04	05	06	07	08	09	10	11	12	13	14	15	16	17	18	19	20	21	22	23	24	25	26	27	28	29	30	31	32	33
2016001						6							13			16		18		20		22											
2016002									9					14			17			20				24						30			
2016003	1									10				14									23			26		28					
2016004								8		10							17					22			25								33
2016005											11			14				18		20											31		33
2016006													13			16		18		20								28			31		
2016007					5							12		14						20							27		29				
2016008		2													15									24					29			32	33
2016009										10				14										24	25		27					32	
2016010		2		4								12		14					19						25								
2016011			3					8		10					15							22							29				
2016012							7					12		14		16											27					32	
2016013							7					12									21	22				26					31		
2016014		2						8		10								18		20							27						
2016015	1	2												14								22			25	26							
2016016	1																			20		22		24	25	26							
2016017					5	6		8												20		22								30			
2016018												12	13	14			17				21				25								
2016019						6							13			16	17						23							30			
2016020	1	2								10		12										22		24									
2016021									9		11		13									22		24		26							
2016022				4					9										19			22	23							30			
2016023			3			6				10									19						25				29				

期号	和值	首尾和	奇偶比	蓝球奖号分布															
				01	02	03	04	05	06	07	08	09	10	11	12	13	14	15	16
2016001	95	28	1:5													13			
2016002	114	39	2:4																16
2016003	102	29	2:4	1															
2016004	115	41	3:3												12				
2016005	127	44	3:3														14		
2016006	126	44	2:4												12				
2016007	107	34	3:3						6										
2016008	135	35	3:3		2														
2016009	132	42	2:4				4												
2016010	76	27	2:4						6										
2016011	87	32	3:3												12				
2016012	108	39	2:4															15	
2016013	119	38	3:3	1															
2016014	85	29	1:5							7									
2016015	90	27	2:4							7									
2016016	118	27	2:4																16
2016017	91	35	1:5					5											
2016018	102	37	4:2				4												
2016019	105	36	3:3										10						
2016020	71	25	1:5										10						
2016021	105	35	3:3					5											
2016022	107	34	3:3							7									
2016023	92	32	4:2							7									

续表

期号	红球奖号分布																																	和值	首尾和	奇偶比	蓝球奖号分布															
	01	02	03	04	05	06	07	08	09	10	11	12	13	14	15	16	17	18	19	20	21	22	23	24	25	26	27	28	29	30	31	32	33				01	02	03	04	05	06	07	08	09	10	11	12	13	14	15	16
2016024		02			05		07							14				18													31			77	33	3:3													13			
2016025				04							11	12					17							24						30				98	34	2:4												12				
2016026				04					09			12																28		30			33	116	37	2:4	01															
2016027											11		13		15		17		19												31			106	42	6:0					05											
2016028						06		08				12									21				25				29					101	35	3:3	01															
2016029												12			15			18		20	21						27							113	39	3:3															15	
2016030										10				14					19			22			25				29					119	39	3:3												12				
2016031			03					08		10									19							26							33	99	36	3:3			03													
2016032								08				12		14	15						21						27							97	35	3:3															15	
2016033						06											17	18		20							27		29					117	35	3:3															15	
2016034			03												15						21	22	23					28						112	31	4:2															15	
2016035				04									13						19	20						26			29					111	33	3:3											11					
2016036			03	04			07		09											20		22												65	25	3:3			03													
2016037						06									15											26					31	32	33	143	39	3:3																16
2016038			03									12	13									22						28	29					107	32	3:3			03													
2016039	01		03				07											18	19								27							75	28	5:1																16
2016040			03										13						19	20			23			26								104	29	4:2			03													
2016041												12					17	18			21	22		24										114	36	2:4				04												
2016042							07							14			17						23			26					31			118	38	4:2									09							
2016043					05									14						20						26				30			33	128	38	2:4												12				
2016044	01		03							10		12						18												30				74	31	2:4	01															
2016045				04					09			12					17													30		32		104	36	2:4			03													
2016046							07													20					25	26	27			30				135	37	3:3														14		

续表

期号	01	02	03	04	05	06	07	08	09	10	11	12	13	14	15	16	17	18	19	20	21	22	23	24	25	26	27	28	29	30	31	32	33
红球奖号分布																																	
2016047		2			5			8							15		17					22											
2016048			3					8					13	14	15															30			
2016049						6		8					13	14								22					27						
2016050									9			12												24				28	29	30			
2016051	1	2		4					9						15																		33
2016052	1					6							13						19					24				28					
2016053		2						8		10		12																	29		31		
2016054						6					11					16			19									28				32	
2016055					5	6				10						16						22				26							
2016056			3	4				8			11					16		18															
2016057							7					12							19			22	23			26							
2016058			3		5													18		20				24								32	
2016059				4							11	12								20					25			28					
2016060				4	5																	22				26			29			32	
2016061					5	6		8										18		20												32	
2016062												12	13		15			18	19		21												
2016063																16	17	18					23					28				32	
2016064			3									12		14			17		19							26							
2016065													13			16						22			25	26	27						
2016066			3				7						13					18	19	20													
2016067									9				13					18		20							27				31		
2016068								8											19				23					28			31	32	
2016069								8		10	11									20	21						27						

期号	和值	首尾和	奇偶比	01	02	03	04	05	06	07	08	09	10	11	12	13	14	15	16
				蓝球奖号分布															
2016047	69	24	3:3																16
2016048	83	33	3:3				4												
2016049	90	33	2:4										10						
2016050	132	39	2:4		2														
2016051	64	34	4:2												12				
2016052	91	29	3:3																16
2016053	92	33	2:4	1															
2016054	112	38	2:4				4												
2016055	85	31	1:5											11					
2016056	60	21	2:4														14		
2016057	109	33	3:3											11					
2016058	102	35	2:4											11					
2016059	100	32	2:4															15	
2016060	118	36	2:4								8								
2016061	89	37	1:5								8								
2016062	98	33	4:2									9							
2016063	134	48	2:4							7									
2016064	91	29	3:3			3													
2016065	129	40	3:3														14		
2016066	80	23	4:2					5											
2016067	118	40	4:2				4												
2016068	141	40	3:3	1															
2016069	97	35	3:3											11					

续表

期号	红球奖号分布																																和值	首尾和	奇偶比	蓝球奖号分布															
	01	02	03	04	05	06	07	08	09	10	11	12	13	14	15	16	17	18	19	20	21	22	23	24	25	26	27	28	29	30	31	32	33				01	02	03	04	05	06	07	08	09	10	11	12	13	14	15	16
2016070			3			6					11							18					23						29					90	32	4:2	1															
2016071																			19		21					26		28	29			32		155	51	3:3	1															
2016072					5											16			19			22		24	25									111	30	3:3		2														
2016073									9		11	12			15	16				20														83	29	3:3													13			
2016074						6				10	11	12								20					25									84	31	2:4												12				
2016075	1		3			6										16													29			32		87	33	3:3							7									
2016076							7	8					13									22								30		32		112	39	2:4	1															
2016077	1								9								17		19	20									29					95	30	5:1										10						
2016078		2		4				8															23			26			29					92	31	2:4		2														
2016079	1		3							10		12												24				28						78	29	2:4		2														
2016080	1															16	17							24	25							32		115	33	3:3														14		
2016081		2				6									15										25					30		32		110	34	2:4							7									
2016082						6						12		14	15		17			20														84	26	2:4									9							
2016083									9							16	17							24						30	31			127	40	3:3				4												
2016084		2		4								12						18						24		26								86	28	0:6					5											
2016085	1											12							19	20	21				25									98	26	4:2																16
2016086									9	10	11	12			15																	32		89	41	3:3					5											
2016087		2	3							10	11			14							21													61	23	3:3												12				
2016088			3											14		16		18							25								33	109	36	3:3															15	
2016089	1		3											14																30	31	32		111	33	3:3								8								
2016090		2											13				17			20	21					26								99	28	3:3							7									
2016091				4				8						14								22	23					28						99	32	1:5							7									
2016092		2											13		15								23	24					29					106	31	4:2						6										

续表

期号	红球奖号分布																																	和值	首尾和	奇偶比	蓝球奖号分布															
	01	02	03	04	05	06	07	08	09	10	11	12	13	14	15	16	17	18	19	20	21	22	23	24	25	26	27	28	29	30	31	32	33				01	02	03	04	05	06	07	08	09	10	11	12	13	14	15	16
2016093						6			9						15		17								25		27							99	33	5:1									9							
2016094						6	7			10		12						18													31			84	37	2:4										10						
2016095	1				5				9			12						18														32		77	33	3:3												12				
2016096						6							13	14							21	22		24										100	30	2:4																16
2016097						6							13												25	26		28			31			129	37	3:3	1															
2016098		2						8																	25				29		31	32		127	34	3:3						6										
2016099	1										11										21		23				27						33	116	34	6:0						6										
2016100			3							10												22	23				27		29					114	32	4:2				4												
2016101	1		3																19					24								32	33	112	34	4:2	1															
2016102					5			8		10				14			17													30				84	35	2:4													13			
2016103	1				5								13						19					24			27							89	28	5:1											11					
2016104					5				9		11							18												30	31			104	36	4:2				4												
2016105								8		10									19								27	28			31			123	39	3:3																16
2016106				4	5								13									22			25					30				99	34	3:3				4												
2016107						6					11							18								26	27					32		120	38	2:4	1															
2016108		2	3				7	8											19							26								65	28	3:3																16
2016109									9		11				15	16											27						33	111	42	5:1					5											
2016110					5		7																					28			31	32	33	136	38	4:2								8								
2016111		2		4			7							14	15																	32		74	34	2:4				4												
2016112						6						12		14	15			18							25									90	31	2:4												12				
2016113	1										11					16	17			20						26								91	27	3:3														14		
2016114					5											16				20		22					27		29					119	34	3:3									9							
2016115						6		8												20		22				26	27							109	33	1:5									9							

续表

期号	红球奖号分布																																	和值	首尾和	奇偶比	蓝球奖号分布															
	01	02	03	04	05	06	07	08	09	10	11	12	13	14	15	16	17	18	19	20	21	22	23	24	25	26	27	28	29	30	31	32	33				01	02	03	04	05	06	07	08	09	10	11	12	13	14	15	16
2016116							7											18		20			23				27				31			126	38	4:2													13			
2016117			3							10				14			17											28					33	105	36	3:3		2														
2016118									9					14								22	23								31		33	132	42	4:2														14		
2016119									9										19		21									30	31	32		142	41	4:2				4												
2016120		2			5	6															21				25			28						87	30	3:3									9							
2016121		2	3							10													23		25			28						91	30	3:3									9							
2016122															15							22	23	24				28	29					141	44	3:3								8								
2016123							7		9			12		14						20							27							89	34	3:3																16
2016124									9						15						21			24			27					32		128	41	4:2										10						
2016125	1					6		8												20							27			30				92	31	2:4			3													
2016126		2				6						12					17	18	19															74	21	2:4										10						
2016127							7					12					17									26			29		31			122	38	4:2																16
2016128				4					9		11						17									26	27							94	31	4:2													13			
2016129					5	6		8													21										31		33	104	38	4:2														14		
2016130			3														17				21		23				27	28						119	31	5:1	1															
2016131				4						10								18	19						25		27							103	31	3:3		2														
2016132					5			8					13						19								27	28						100	33	4:2							7									
2016133															15	16					21	22					27						33	134	48	4:2															15	
2016134											11	12	13	14				18															33	101	44	3:3													13			
2016135		2						8		10								18		20													33	91	35	1:5												12				
2016136		2					7			10										20							27		29					95	31	3:3			3													
2016137	1					6			9	10					15																	32		73	33	3:3														14		
2016138							7									16				20				24	25					30				122	37	2:4							7									

续表

期号	红球奖号分布																																	和值	首尾和	奇偶比	蓝球奖号分布															
	01	02	03	04	05	06	07	08	09	10	11	12	13	14	15	16	17	18	19	20	21	22	23	24	25	26	27	28	29	30	31	32	33				01	02	03	04	05	06	07	08	09	10	11	12	13	14	15	16
2016139	1					6													19							26		28		30				110	31	2:4			3													
2016140	1	2			5												17									26						32		83	33	3:3										10						
2016141				4									13		15		17				21			24										94	28	4:2															15	
2016142	1									10							17				21		23											102	31	4:2												12				
2016143						6			9														23	24	25								33	120	39	4:2													13			
2016144				4						10		12															27					32	33	118	37	2:4					5											
2016145	1		3				7					12							19	20														62	21	4:2						6										
2016146			3				7								15	16	17						23											81	26	5:1										10						
2016147				4										14				18										28			31	32		127	36	1:5												12				
2016148	1	2									11									20						26				30				90	31	2:4														14		
2016149			3																	20			23			26						32	33	137	36	3:3							7									
2016150		2		4	5				9				13								21													54	23	4:2					5											
2016151						6					11					16				20		22											33	108	39	2:4							7									
2016152		2						8	9							16				20		22												77	24	1:5							7									
2016153							7		9							16								24	25				29					110	36	4:2						6										
2017001									9		11			14						20					25	26								105	35	3:3															15	
2017002															15				19				23	24	25							32		138	47	4:2			3													
2017003	1			4				8							15												27					32		87	33	3:3																16
2017004					5								13				17									26	27			30				118	35	4:2							7									
2017005						6					11	12										22	23							30				104	36	2:4					5											
2017006		2		4				8																		26			29				33	102	35	2:4								8								
2017007		2		4	5																			24		26							33	94	35	2:4															15	
2017008							7						13		15												27	28	29					119	36	5:1													13			

续表

期号	红球奖号分布																																	和值	首尾和	奇偶比	蓝球奖号分布															
	01	02	03	04	05	06	07	08	09	10	11	12	13	14	15	16	17	18	19	20	21	22	23	24	25	26	27	28	29	30	31	32	33				01	02	03	04	05	06	07	08	09	10	11	12	13	14	15	16
2017009		2				6		8	9						15														29					69	31	3:3														14		
2017010					5			8											19						25			28		30				115	35	3:3							7									
2017011										10	11	12											23			26			29					111	39	3:3																16
2017012										10	11			14	15	16								24										90	34	2:4							7									
2017013								8			11																	28	29		31		33	140	41	4:2						6										
2017014						6		8										18		20			23								31			106	37	2:4													13			
2017015	1							8	9					14			17															32		81	33	3:3	1															
2017016					5			8								16						22					27		29					107	34	3:3		2														
2017017			3				7	8		10												22	23											73	26	3:3												12				
2017018	1	2	3														17								25						31			79	32	5:1									9							
2017019				4		6		8				12											23		25									78	29	2:4								8								
2017020				4				8		10		12																			31		33	98	37	2:4										10						
2017021		2			5					10												22										32	33	104	35	2:4									9							
2017022		2				6									15	16		18														32		89	34	1:5															15	
2017023	1		3	4							11							18				22												59	23	3:3														14		
2017024									9												21				25	26			29		31			141	40	5:1													13			
2017025		2													15	16	17					22										32		104	34	2:4							7									
2017026			3							10		12							19								27			30				101	33	3:3								8								
2017027		2		4							11			14													27			30				88	32	2:4					5											
2017028							7	8				12	13									22								30				92	37	2:4									9							
2017029		2													15						21		23		25					30				116	32	4:2										10						
2017030	1						7		9											20			23							30				90	31	4:2		2														
2017031						6				10						16										26	27		29					114	35	2:4			3													

续表

期号	红球奖号分布																																	和值	首尾和	奇偶比	蓝球奖号分布															
	01	02	03	04	05	06	07	08	09	10	11	12	13	14	15	16	17	18	19	20	21	22	23	24	25	26	27	28	29	30	31	32	33				01	02	03	04	05	06	07	08	09	10	11	12	13	14	15	16
2017032					5			8							15									24			27				31			110	36	4:2											11					
2017033																																																				
2017034																																																				
2017035																																																				
2017036																																																				
2017037																																																				
2017038																																																				
2017039																																																				
2017040																																																				
2017041																																																				
2017042																																																				
2017043																																																				
2017044																																																				
2017045																																																				
2017046																																																				
2017047																																																				
2017048																																																				
2017049																																																				
2017050																																																				
2017051																																																				
2017052																																																				
2017053																																																				
2017054																																																				

续表

期号	红球奖号分布																																	和值	首尾和	奇偶比	蓝球奖号分布															
	01	02	03	04	05	06	07	08	09	10	11	12	13	14	15	16	17	18	19	20	21	22	23	24	25	26	27	28	29	30	31	32	33				01	02	03	04	05	06	07	08	09	10	11	12	13	14	15	16
2017055																																																				
2017056																																																				
2017057																																																				
2017058																																																				
2017059																																																				
2017060																																																				
2017061																																																				
2017062																																																				
2017063																																																				
2017064																																																				
2017065																																																				
2017066																																																				
2017067																																																				
2017068																																																				
2017069																																																				
2017070																																																				
2017071																																																				
2017072																																																				
2017073																																																				
2017074																																																				
2017075																																																				
2017076																																																				
2017077																																																				

续表

期号	红球奖号分布																																	和值	首尾和	奇偶比	蓝球奖号分布															
	01	02	03	04	05	06	07	08	09	10	11	12	13	14	15	16	17	18	19	20	21	22	23	24	25	26	27	28	29	30	31	32	33				01	02	03	04	05	06	07	08	09	10	11	12	13	14	15	16
2017078																																																				
2017079																																																				
2017080																																																				
2017081																																																				
2017082																																																				
2017083																																																				
2017084																																																				
2017085																																																				
2017086																																																				
2017087																																																				
2017088																																																				
2017089																																																				
2017090																																																				
2017091																																																				
2017092																																																				
2017093																																																				
2017094																																																				
2017095																																																				
2017096																																																				
2017097																																																				
2017098																																																				
2017099																																																				
2017100																																																				